后浪出版公司

模倣の経営学

深度模仿

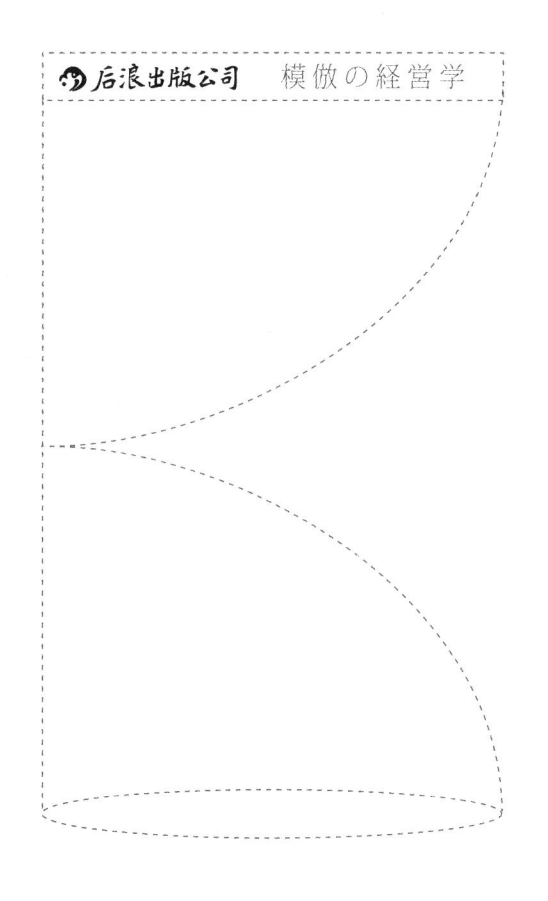

人工智能时代如何发掘创新基因

[日] 井上达彦 著
兴远 译

江西人民出版社

引　言　模仿的悖论

模仿是创造之母

"模仿是创造之母。"[1]

据说莫扎特也是从模仿别人的音乐开始，最终创作出了独创的音乐。

或许仿如艺术般的经营之道也是从模仿开始。事实上，在商务世界里颠覆常识、创立新事业的著名经营者，都非常善于模仿和参照。

大家都知道黑猫宅急便的创意灵感来自吉野家的故事。创立大和运输的小仓昌男在其所著的《小仓昌男经营学》一书中说，当时他看到将牛肉饭做到极致的吉野家不断成长，便产生了把货物运输做到极致的想法。

随着大和运输不断成长，参照的对象也不仅限于吉野家一家。在纽约进行业务指导和视察时，小仓昌男站在十字路口，

深度模仿

突然注意到十字路口周围停着4辆UPS的车辆。[2]此时，小仓昌男确信了以收发货物为中心的快递业务的可能性。

日本7-11之父铃木敏文也有相同的经验。铃木敏文去美国考察，看到7-11的招牌，立即意识到这可以拯救日本的零售小卖店。之后，他研究了运营大量小规模店铺的7-11背后本质的系统，不断推行商务合作，最终取得了成功。[3]

多次进行产业革新的沃尔玛的创始人山姆·沃尔顿也曾说过："我做的事多半都是模仿别人。"[4]伟大的公司都是在模仿中诞生。

但是，一般都误认为模仿会失去独特性和创造性。日本用"猴子学样"、欧美用"copycat"等词语形容模仿，不管是东方还是西方，形容模仿者的词语都充满了负面的意思。在寓言中，还有讲述愚蠢的动物盲目模仿，结果倒了大霉的故事。

这是为什么呢？也许是因为通过模仿，在更短的时间里可以轻松地达到效果。或者说是，模仿可以规避风险吧。深入思考的话，甚至会有人认为模仿是一种不可不戒的威胁。

确实，贬低对手的模仿，比如说面对竞争对手划时代的新商品，提早将类似的商品投入市场，目的是将此领域同质化的战略，确实说不上有什么创造性。或者，和竞争对手没有拉开差距，没有方便顾客，只是单纯地模仿对手，与对手平行的战略，也不能说有什么创造性。

这样的模仿，就算是正确的选择，也会让人觉得有些狡诈。

照抄是美德

可是，有一种说法认为，模仿一词带有贬义是从近代才开始的。在古代，完全照抄榜样，是学习的基础，受到人们的尊敬。古罗马时代，据说学徒们从背诵、临摹到改变说法、解释说明等，努力进行模仿训练。当时认为模仿是追求独创性和创造性不可或缺的活动，会慎重地选择模仿对象。[5]

东洋的抄经也是一样。回溯历史，模仿一直都被人们看做是一种美德。

请大家看一看重视创造性的艺术界。仔细调查一下，历史上被人们看做是创造性的作品，你会发现甚至可以说所有的作品都有模仿样本的部分。无论是小说、绘画还是音乐，几乎所有独创的作品，都参照或引用了过去伟大的作品。此外，这些作品还强调了自身和样本的区别和独特性。

法国作家夏多布里昂用下面这句话，揭示了模仿的本质：

所谓独创的作家，不是不模仿别人，而是无法被人模仿。[6]

即使是独创风格的小说家，刚出道时也会模仿其他的作家。

在模仿中伴随着各种失败，并从中借鉴经验，形成了别人无法模仿的风格。

可以说，在商务世界也是如此。即使有其他公司无法模仿的构思，但深入解析一下，我们会发现这个构思其实是由或大或小的模仿组建而成。别人无法模仿的构思也是模仿而来，这就是所谓"模仿的悖论"。

正因为追求独创性，所以模仿非常重要。我们必须学会模仿的方法，掌握模仿的要领，提高自己的模仿能力。

模仿是理性的行为

那么，该如何提高模仿能力呢？善于模仿的企业到底在什么时候、向谁模仿些什么呢？似乎单纯地模仿眼前的竞争对手，是行不通的。

应该模仿谁，怎么模仿呢？这是一个非常难以解答的问题。为何模仿？自己当前的模仿能力是什么水平？如果不明确认识这些，我们也无法寻找模仿的对象。

即使发现了优秀的样本，认清该从哪些方面如何参照也并不简单。模仿是需要高度智慧的理性行为。

而智慧正是独创性的源泉。智慧正是解释模仿悖论的关键。

罗多伦咖啡的创始人鸟羽博道这样说道：

引　言　模仿的悖论

音乐、陶艺、美术、体育等，无论任何领域，被称为名人、名角的人，最初都是从模仿前人出发，然后超越前人不断精进。天才画家毕加索在年轻时，也是参考朋友的构图，培养自己画家的素质。这种行为说难听点就是剽窃，甚至还有因为"毕加索来了，自己的作品就会被剽窃，这可让人受不了"，在毕加索出现时，周围的画家都会把自己的作品藏起来的传说。连毕加索最初都是从模仿、临摹出发的。

因此，我们见到优秀的人物、优秀的事物，也应该毫不羞耻地认真模仿学习。我在创业期也认真彻底地阅读了松下幸之助、土光敏夫等很多人的书籍，记住了这些代表日本的经营者在何时思考什么、做出何种行动。[7]

因为在日语中"学习"的语源就是"模仿"，也许深刻的理解就是从彻底的模仿开始。资生堂的创始人福原有信强调彻底模仿的意义："肤浅的模仿是不行的，要从根本开始彻底的模仿。"[8]

以前也有很多分析模仿和创造性的经营或商务书籍，但几乎都是强调创造性的书籍。而本书深入剖析了诞生创造性的逻辑思考过程，深度解说了从模仿到革新的方法和心得。

两种模仿

虽然得出结论有些早,不过我认为在世界上至少有两种类型的创造性模仿。其一是为了提高自身,从遥远的另一个领域借鉴让人意外的知识。在商务世界来说,就是从优秀的样本中得到灵感,得到独特构思的模仿。

另一类创造性的模仿是为了方便顾客,从恶劣样本中甄选出优点来模仿。包括以业界的负面事例当作反面教材,引发革新。

比如,因为现有的银行系统导致贫困阶层无法融资,格莱珉银行以此为反面教材,组建了小额贷款系统。秉持共存共荣精神,不但让顾客和供给者受益,连直接的竞争对手都不受影响,可以说是最完美的模仿。

朝日集团控股公司社长泉谷直木用下面的话,阐述了与对手通过竞争形成的模仿关系:

我认为竞争有胜负的方面和学习的方面。只把对手当作竞争对手的话,双方都不会成长。对手既是一面镜子,也是反面教材。[9]

不仅限于竞争对手,通过别人的尝试错误和结果,积累自己的经验和窍门才是最好的。如果一切都要自己承担风险,那

引　言　模仿的悖论

有多少条命都不够用。总之，如果他人的经验是方便顾客和社会的革新，那便值得模仿。

正如哲学家蒙田所说："聪明人向傻瓜学习的东西，比傻瓜向聪明人学习的东西更多。"[10]我们更应该成为聪明人。

目　录

引　言　模仿的悖论　1

第1章　天才之谜：暗喻与革新　15

　　从无关事物而来的新构思　16

　　跨界模仿　18

　　追求独创性从模仿开始　20

　　向海外模仿　21

　　模仿的连锁效应　25

　　模仿谁　28

第2章　印度摊贩：模仿的本质　31

　　结构的模仿　33

　　软饮料的事例　34

　　结构层次模仿的意义　36

　　印度摊贩的故事　39

摊贩的逻辑性 41

结构模仿的关键概念——商业模式 42

超越行业的参考 45

正向模仿与反向模仿 46

单纯的照抄式模仿 47

根据实际情况进行变动 48

得到新创意：本质性转移 48

第3章 黑猫革命：四个要素与五个阶段 51

高收益的秘密 52

商业模式的分析构架——P-VAR 54

企业创造和革新的五个阶段 55

大和运输快递产业分析 64

定　位 65

价　值 66

活动与资源 67

收入的流向与成本构造 68

四个要素的整合 69

第4章 两种咖啡：模仿的创造性 71

咖啡的模仿 73

目 录

星巴克的样本 74

星巴克的状况 76

星巴克的企业理念 78

星巴克的企业结构 80

罗多伦的样本 83

罗多伦的状况 84

罗多伦的企业理念 85

罗多伦的企业结构 86

相同的对象，不同的结构 88

从彻底模仿诞生的创造性 90

第5章 四种学习对象：模仿谁？怎样模仿？ 93

模仿的四种模式 95

单纯模仿 96

瑞安航空 96

单纯模仿样本的注意点 99

反面教材 100

格莱珉银行 100

反面教材样本的注意点 105

横向发展 106

强生公司 106

　　　　创新的制造方法　108
　　　　横向发展样本的注意事项　110
　　　　自我否定　112
　　　　奥克兰运动家队　112
　　　　自我否定样本的注意点　116
　　　　追溯过去　118

第6章　守破离：跨越样本与现实的鸿沟　119
　　　　替代性学习的研究　120
　　　　多样学习才是王道　122
　　　　复眼模式：模范、反面都要看　123
　　　　守破离模式　125
　　　　星巴克的守破离　126
　　　　守破离与辩证法　127
　　　　格莱珉银行的辩证法　128
　　　　使用P-VAR模仿　129

第7章　圈套：似乎可以模仿却无法模仿的企业　133
　　　　独一无二的KUMON　134
　　　　自学自习与定制学习——对顾客的价值主张　136
　　　　活用独特教材的指导——舞台背后的活动　138

目 录

KUMON的网络——深层资源　139
共通语言教材和低调的总部　141
独特的地位　142
为何无法单纯地模仿？　144
难以模仿的企业结构也是从模仿开始　146
教材的诞生　149

第8章　反向：逆向思维的模仿　151

戏剧性的再逆转　153
任天堂的部分逆转模仿　154
施乐的模仿　157
佳能的模仿　159

第9章　做法：模仿的方法　163

模仿的目的是什么　164
应对竞争的模仿　165
迅速追随　166
后来居上　167
同质化　168
为了革新的模仿　170
把握潮流　171

13

倾听内心的声音　172
举一反三的灵感　173
相信模仿的力量　174

结　语　不要让管理书成为消费品　177
致　谢　183
注　释　186
出版后记　212

第 1 章

天才之谜：暗喻与革新

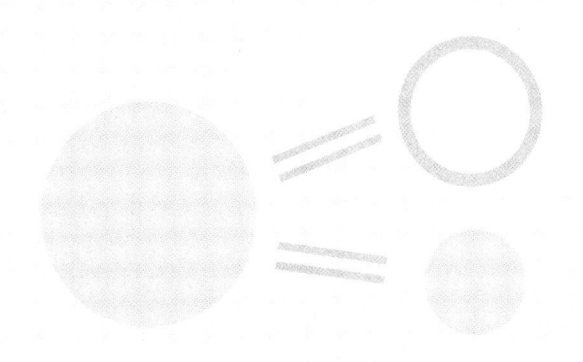

从无关事物而来的新构思

你听说过暗喻这个词吧？暗喻（Metaphor）是比喻的一种，但却是比喻方式不太明显的隐喻。

暗喻的语源出自希腊语。Meta包含"超越"的意思，phor包含"搬运、带去"的意思。Metaphor的意思则是超越界限，把东西从某一个世界带到另外的世界。

暗喻有两种。第一种是使用人们熟悉的比喻，来说明人们不熟悉的事物。比如，"像寿司一样的状态"等就是这类暗喻。使用人们已知的事物对未知的事物进行说明，使人们在瞬间理解未知事物的本质。这是一种帮助人们理解的暗喻。在语言学中，这种暗喻被称为"修辞学性暗喻"。[1]

事物都有很多方面，直白的说明大多无法广为流传。可是，使用暗喻的话，便可以简洁地传达出其主要含义，更便于人们理解。

另外一种暗喻与前一种相反，用人们不熟悉的比喻来说明人们熟悉的事物。虽然是已知的事物，但通过使用不相称的比喻进行说明，可以刺激人们的大脑，让人产生新的联想。乍一看是完全不同的事物，但通过比喻的结合，人们不断地产生各种各样的联想。这是促进人们发现和学习的暗喻，被称为"认

第 1 章
天才之谜：暗喻与革新

知性暗喻"。

虽然这么说明给人感觉有些复杂，但其实并非如此。

从……联想到……其关键为……

这是单口相声中"谜"的"题目"。也就是说，选出两个乍一看没有关系的词语，然后找出两个词语之间共同点的游戏。实际上，商务世界中别开生面的联系，原理与上面说的解谜完全相同。

比如，我们常见的谜面"动物园"、谜底"高级盒饭"，其相同的意思都是"关在牢笼里"。

同样，提出某一业务，用别的业务解答的情况也没什么稀奇。比如提出"出租录像带"，用"消费品信用贷款"解答，其相同点则是"两者都是高利贷"。

实际上，出租DVD/CD的商店TSUTAYA的创始人增田宗明，便是以出租业务比喻金融界，抓住了这种商业模式的本质。

TSUTAYA开创不久，CD单碟的购入价为1张600日元。可是，租赁1张CD，2天1晚的价格却是100日元。顾客手里的CD也并非全部都是按时归还，这样TSUTAYA每天可得到10%的利息。如果这是在金融界，则完全是高利贷。金融界规定10天10%的利息便是违法的高利贷，而这却是金融界违法高利贷的10倍以上。

听说了增田先生的故事，某企业家就租赁业务的特性评论道："不是金融而是物融。"

就这样，在新的想法中，诞生了让人们惊讶、迷惑地感叹"啊！这是怎么回事？"的暗喻。在寻找无关事物的关联性时，发现了让人大彻大悟的构思。

跨界模仿

出人意料的结合取得一些成果，得到新的办法，绝对不是什么罕见的事。

你知道丰田汽车的生产系统，是从超市得到灵感而产生的吧。丰田生产系统之父大野耐一听说了美国超级市场的传闻，决定把它应用到自己想建立的"Just In Time"生产中。[2]

大野先生的革新是从模仿而产生的想法。将材料加工成零件，用零件组合成设备，再用设备组装成汽车。以往的生产流程都是根据前一个工序为后一个工序提供配件而成，但是，大野先生却逆转了这个流程。在计划性地生产大量相同的配件时，使用前工序供给后工序比较好；但是少量持续生产不同的零件时，则使用拉式系统更为适合。这样的生产系统可以"在必要的时刻，只提供顾客必要的产品"。这样一来，顾客不需要购买

第1章
天才之谜：暗喻与革新

不必要的东西，生产者也可以只制造顾客需要的物品。

大野先生在自己的著作《丰田生产方式》一书中，做了如下说明：

> 从超市得到的灵感就是把超市当成生产线的前工序，把顾客看作后工序，相当于超市的前工序在必要的时刻，为顾客提供必要量的必要产品。后工序买走产品后，前工序立即补充这部分产品。我觉得这与我理想的"Just In Time"非常接近。本公司从昭和28年（1953年）开始，在机械工厂实际应用了这个灵感。[3]

当时是挑着竹筐或者桶卖东西的"游商"、以"上门推销"为代表的推销都很常见的时代。并且，零售也大多是市场里的小贩把商品推销给顾客。

正因为如此，对大野先生来说，超市是非常新鲜的事物。超市里不用小贩推销，顾客自助服务，随意取得自己必要量的必要商品。是全新形态的商店。

买方无需购买多余的商品，卖方也不用带着多余的商品四处游荡。大野先生认为："与日本传统的'富山卖药人''推销''游商'等销售方式比较，超市的销售方式对卖方来说，是可以免去运输、不知道何时才能卖掉商品等麻烦的方法。"[4]超市的销售架构极为合理。因此，从1950年开始，丰田公司开始着手研究超市，并且在生产现场尝试了这个想法。

我们应该为大野先生的想象力感到惊讶。这个想法并非大野先生去美国考察超市而得到的。丰田在美国的福特汽车和通用汽车工厂考察，是在1956年，大野先生好像也是在那时才去考察超市的吧？大野先生只是基于考察前的研究，在亲眼看到超市前，便得到了灵感。

追求独创性从模仿开始

可是，"必要的商品、必要的时刻、必要量"的交易想法引发了新的问题。那就是超市里也会出现的断货问题。某些顾客一次性购买大量相同商品时，该种商品便会在转瞬之间销售一空。同样，后期工序一次性大量购买同种零件后，前期工序的库存也会在瞬间销售一空。然而，如果前期工序库存大量零件，为了降低库存的费用，则只能将其转嫁给零件生产厂商。

为了从根本上解决这个问题，必须平息大量购买和完全滞销的波动。这意味着后期工序的丰田汽车自身，生产量要尽可能地平准化。

为了实现平准化，大野先生再次挑战了业界的常识。

一次制造大量相同的零件更有效率，可以节约生产成本，

第 1 章
天才之谜：暗喻与革新

这是生产现场的常识。因此，厂家一般都根据车种类别设置专用的生产线，如果无法设置专用的生产线，则上午制造"卡罗拉"，下午制造"花冠"。

但是，这样却不能达到生产平准化。为了消除生产高峰和低谷的高低差，必须减少一次性制造的零件数量。为此，丰田汽车使用同一条生产线，交互制造卡罗拉和花冠。并且，即使是制造卡罗拉，也与市场需要量吻合，每制造一辆三厢轿车，便制造三辆两厢轿车和客货两用车。

为了实现这个想法，丰田汽车遇到了一个大问题。更换模具铸模的工作很费事，必须停止生产线的运作。而丰田汽车则大幅缩短了这项工作的时间，确保了生产平准化和多品种少量生产并进。这些智慧的结晶，经过实际的反复试验，终于铸就了丰田现在的生产系统。

向海外模仿

日本7-11的诞生，与丰田汽车也有类似之处。[5] 7-11创建不久，便进行跟踪采访的绪方知行先生在《7-11创业的奇迹》中，记载了当时的情况。

日本7-11在1973年创立，是伊藤洋华堂的子公司。1969年年底，大型超市飞速发展，和当地的小零售业者出现了摩擦。

深度模仿

日本7-11之父铃木敏文先生当时作为伊藤洋华堂的代表，在计划开店的地区向周围的小商店店主解释"大型超市与小卖店可以共存"。可是，却被人驳斥为胡说八道。

正在铃木敏文先生因无法向小卖店店主展示，大型超市和小卖店共存共荣的证据时，他偶然地看到了正在美国全国迅速发展的7-11。当时，伊藤洋华堂为了推进和美国连锁餐厅丹尼斯合作，铃木敏文先生去美国出差的机会很多。就在此时，铃木先生看到了7-11，立即意识到自己寻找的"就是它！"

铃木先生确信，导入这个商业理念，可以使日本的零售小卖店起死回生，也能证明小卖店和大型超市可以共存共荣。

美国7-11的便利店小型零售店，由美国南方公司创建，具有以下特征：

1.与集中了数万种商品的超市相对应，便利店的商品大约为1300种左右，店铺的规模也与之相符。[6]

2.距住宅区很近，购物也不用开车。

3.一般小零售店的营业时间为上午10点到下午5点，但便利店的营业时间延长为早7点到晚11点。

4.超市的自助服务比较乏味，而便利店的服务则追求与顾客形成亲密关系。

第 1 章
天才之谜：暗喻与革新

铃木先生在公司里推动与南方公司合作，将这种便利店引入日本。当时的社长伊藤俊雅先生也认为"万物为师"，积极地模仿其他公司，并且将模仿到的东西转变为自己的优点。在"把别人的经验转化为自己的东西"思想的指引下，伊藤洋华堂向美国的零售业进行了各种模仿。为了学习便利店在美国取得成功的窍门，伊藤洋华堂相对于和南方公司合资创建公司，更希望能与南方公司进行技术合作。最后，伊藤洋华堂签订了向南方公司支付版税、销售额0.5%的合同。

不过，便利店的基本运作虽然是基于美国的模式，却并非是完全的模仿。为了在日本实现便利店的理念，伊藤洋华堂做了各种准备，下了很多工夫。也就是说，"即使基础相同，但两国便利店的现状却相差甚远。因此，我们要完全吸收美国便利店的窍门，并且让它在日本脱胎换骨。"[7]

日本7-11从美国直接导入了三点：（1）7-11的商标；（2）不用销售额支付专利费，而是用毛利的一定比例；（3）便利店的理念。

此外，还进行了很多改进。虽然以地域为中心提高开店密度的扩展方式、对加盟店进行经营指导的地域顾问都是从美国7-11模仿而来，但都做了一些修改，使其更符合日本现状。

另外，为了建设让日本顾客能够切身感到"方便"的便利店，

深度模仿

铃木先生认为1300种商品远远不够,商品种类必须达到3000种左右。

而且,搜集日常生活必需的3000种商品,只和特定的行业批发商或者一家厂商交易远远不够。于是,在1976年加盟店超过100家时,日本7-11提出了新的方式——共同配送系统。这就是按地区设立配送中心,厂商的商品都集中在配送中心,由配送中心向加盟店发货的方式。这改变了以往按厂商分类配送,将多个厂商的商品一同配送的划时代的配送方式。

为了减轻订货店铺和接受订货的批发商的负担,7-11的订货方式也改进为电子订货。每一种商品都有自己的条形码,店铺的订货负责人沿着商品展示柜逐一检查商品,决定订货量。

此后,日本7-11也不断改进物流和信息系统,企业发展速度使其他公司无法追及。7-11一直在谦虚地学习便利店行业中隐含的原理和原则,并且为了迎合日本市场而不断努力。

其中,还有一个有代表性的小故事。美国的7-11便利店里,销售汉堡包和三明治。而当时的日本还不流行这些快餐食品,是否导入这些快餐食品出现了分歧。有人提出导入汉堡包和三明治的意见,但铃木先生却语出惊人:"不行,在日本应该把快餐食品解释为馒头、包子、寿司和饭团!"

第 1 章
天才之谜：暗喻与革新

模仿的连锁效应

无论是丰田的生产系统，还是7-11的流通系统，都是通过向范例学习原理原则，一边消除实践中出现的问题，一边改进，创建出竞争对手难以模仿的结构。模仿而生的结构，最终凌驾于原创之上。

模仿原创而生的结构，超越了原创。这个事实的意义非常重大。因为，也许再下一个模仿的结构，会继承原创和上一代的优点，并且不断发展。这种现象就是模仿的连锁效应。

丰田汽车不仅是模仿超市，还以福特的生产系统为范例进行模仿，却诞生了超越模仿对象的独特生产系统。原本福特是使用传送带，使生产系统流畅：在生产线通过汽车的底盘运动，无需搬运安装在底盘上的零件。而且，零件不断安装在底盘上，生产线强制性地顺畅起来。

虽然丰田汽车在生产线顺畅这点上，是模仿福特汽车，但不是福特那样的强制性安装，而是改为像在超市购物一般，在必要的时刻、购买必要量的必要商品的理念。在这个意义上说，丰田汽车虽然模仿福特汽车的生产系统，却超越了以往的尝试，创建了新的系统。

之后，丰田汽车的生产系统在业界内外都成了被模仿的对象。日本国内的汽车厂商和美国汽车厂商都拼命研究丰田汽车的"精益制造"。[8]通用汽车不仅在外部进行研究，还和丰田汽车成立了名为新联合汽车制造公司（NUMMI）的合资企业，从内部进行模仿。

可是，同为汽车厂商，却没有一个企业能达到丰田汽车的水平。[9]这是因为这些企业并没有真心想模仿，或是囿于劳资关系等情况不同。不过，在汽车行业外也有企业克服了这些问题，成功引入丰田汽车生产系统，得到了飞速的发展。实际上，丰田汽车生产系统在其他行业广泛发展，在各个行业都有成功的事例。[10]

丰田汽车以福特汽车的构造为范例进行模仿，进化为丰田的生产系统；丰田的生产系统又成为其他汽车厂商和其他行业的范例，被他们模仿，形成了模仿的连锁效应。

日本7-11使用的特许经营权系统，也有相同的模仿连锁效应。

美国7-11的特许经营权系统是经营专营权，使厂商主导的特许经营权系统不断发展。它的特征不仅是提供商品的经营权和相关的支持，还提供商标、管理、系统、指导等商务服务。

麦当劳和肯德基使这种特许经营权在世界上广为人知。特许经营权不仅在餐饮业被人模仿，在酒店经营等领域也被广泛模仿。

美国的7-11也是向这些前辈模仿，然后，日本的7-11继

第1章
天才之谜：暗喻与革新

承了美国7-11的特许经营权，并且继续进化。

专营权制度是非常卓越的制度，加盟店即使没有独特的商品、技术秘诀也能得到成长。但是，它却有一个弱点。那就是吸收了秘诀的加盟店退出集团，模仿成立相同的特许经营权制度。

日本7-11克服了这个致命的弱点。日本7-11通过信息网络，从各个加盟店收集最新的信息，建立了将信息再分配的制度。因此，总部可以掌握时刻变化的市场信息，并把这些信息反馈给加盟店。如果和总部断绝了关系，加盟店则无法准备适合的商品。日本7-11通过构建持续更新专业知识的系统，保持住了各个加盟店的向心力。

日本7-11建立了比美国7-11更完善的结构，南方公司陷入危机时，这个结构拯救了7-11。模仿者超越了被模仿者，不断发展，简直是"青出于蓝而胜于蓝"。

以信息系统为基础的结构，成为各种公司模仿的范例。比如，TSUTAYA也非常重视通过提供信息加强与加盟店的关系。创始人增田先生曾经说过："如果不能保持网络信息资产，加盟店便会离我们而去。"

在这样的模仿连锁效应中，产生了进化，并且引发了革新。伟大的企业以其他公司为范例，模仿而成的系统，成为下一个革新的范例。

深度模仿

模仿谁

如果丰田汽车因为某些错误，坚持"富山卖药人应该是模仿对象"，那样会发生什么事呢？富山卖药人是"先使用后付款"，让顾客先使用必需的药品，然后再缴纳费用。流通的特点是卖药人定期巡回，在收取药钱的同时，补充被使用了的药品。因为当时的零件供给，通常都是从上到下的强制方式，因此丰田汽车以富山卖药人为参照也不稀奇。

可是，如果丰田以富山卖药人为模仿对象，恐怕也不会诞生丰田的生产系统。至少，诞生的时间会延迟很久。

丰田汽车生产系统之父大野耐一先生曾经对比过"美国超市""富山卖药人"（以及"推销""游商"）。并且把"富山卖药人"当成不能模仿的反面教材，认为与之相反的超市才是应该模仿的对象。

日本的7-11也是这样，如果伊藤洋华堂的模仿对象不是南方公司，而是其他的公司，恐怕7-11的历史也会完全不同。铃木先生当时和丹尼斯公司合作，去美国出差的机会很多，自然也会看到其他的美国零售小店。而正是以美国7-11为范例，确立了便利店的业态，日本7-11才能有现在的集团经营。

看到这里，我们会意识到，决定以谁为范例非常重要。公

第1章
天才之谜：暗喻与革新

```
丰田汽车 ---> 福特汽车
       \
        → ? === 超市
             === 富山卖药人
         遥远世界的范例
        （其他行业、海外、过去）


伊藤洋华堂 ---> 国内超市
         \
          → ? === 南方公司
               === 其他小零售店
           遥远世界的范例
          （其他行业、海外、过去）
```

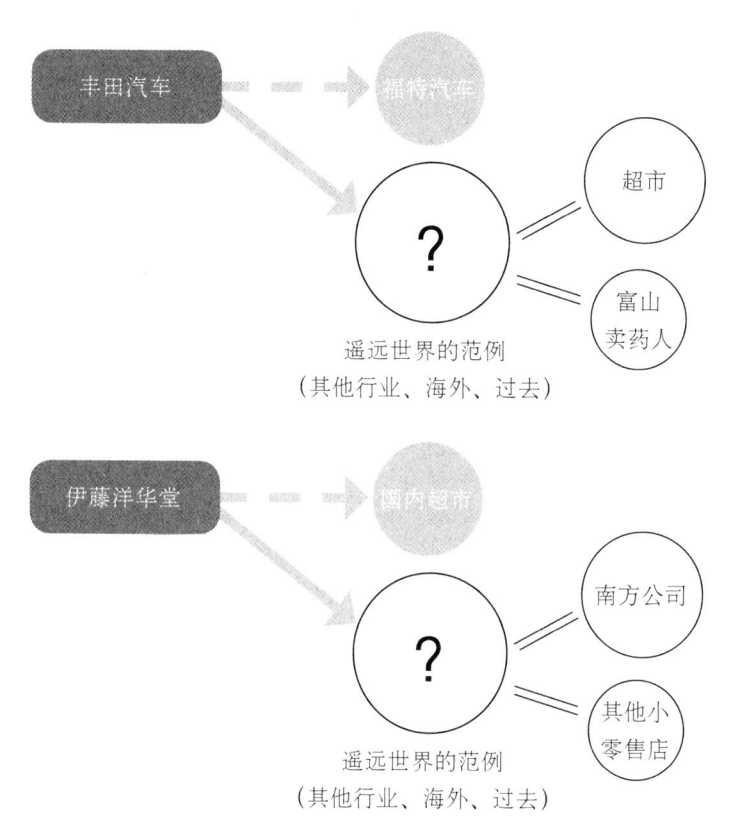

图1-1　来自遥远世界的范例

司应该参照的不仅仅是同行业的其他公司。为了得到新的想法，遥远世界的范例也能发挥作用。其他行业、海外、过去，也就是要从相差甚远的行业、相距甚远的地理位置，以及距离甚远的时间中发现范例。不过，即使如此，选择的方法也非常重要。

第 2 章

印度摊贩：模仿的本质

深度模仿

　　竞争战略的本质不是如何竞争。

　　一般都容易认为"如何竞争"是长期的计划，可是竞争战略教材却是完全相反的想法。也就是考虑在长期的时间里，"如何才能避免竞争"。因为对同样的顾客推销相同的产品和服务，会陷入与竞争对手的价格血拼中。所以，极端地说，制定竞争战略是为了在遥远的未来不用陷入血拼，从现在开始不断地计划进行准备。

　　究其根本，便会找到差异化战略。不过，差异化重要的并不是产品和服务等级的差异化。虽然产品和服务符合市场需要，会成为一段华丽的成功故事，但是竞争对手公司会立即进行模仿。可是，如果这种差异是通过生产、流通、组织的结构而产生的差别，那便可以保持优势地位。产业结构的内在差别，虽然不是非常显眼，但是一旦占据了优势，便可以长时间保持下去。

　　也许，那恰如浮现在水面上的冰山。

　　顾客能清楚地认识到产品和服务的价值，是因为水面下的冰块产生的浮力。这种浮力正是结构的力量，是通过企业每日的经营活动和支撑经营活动的经营资源而生的。

第 2 章
印度摊贩：模仿的本质

结构的模仿

差异化有两种，模仿也有两种，那就是产品的模仿和结构的模仿。

产品的模仿因为互联网的发展进步，发展速度极快。以前，几乎没有渡过辽阔的大海传播秘诀的机会，模仿者进行模仿需要很长的时间。19世纪时，大约需要100年左右。这个模仿的时间，在20世纪上半叶变为10年，20世纪最后则缩短为不到2年。比如说，照片的模仿用了30年的时间，CD的模仿只用了3年。[1]

在每天实际的业务中，产品的动向也容易引人注意。

可是，把握住竞争战略的本质，再凝望模仿速度的变化，我们会发现无法通过产品的模仿保持优势地位。仅仅进行产品的模仿，会加快模仿的速度，进行产品革新也会立即被人追上。如果没有同时进行结构的模仿，便不能出现真正意义的差异化。

正因为如此，本书以结构为焦点。

表2-1 两种差异化

	产品、服务的差异化	企业结构的差异化
特征	显眼、易懂	不起眼
	华丽的成功	在表面很难发现的成功
	容易模仿	模仿需要时间
	持续时间短	持续时间长

摘自加护野中男、井上达彦：《企业系统战略：企业结构与竞争优势》，有斐阁。

深度模仿

软饮料的事例

下面用传统的事例说明结构层次的革新与产品层次比较，是何等的重要。

软饮料行业是模仿产品不断出现的行业。某一类型的饮料取得成功后，竞争对手企业会立即开发出相同的饮料。无论是碳酸饮料还是红茶，类似的产品都不断上市，很少有某一品牌的饮料能持续保持竞争的优势地位。

曾经有过"咖啡就要UCC"的时代。首先把咖啡作为软饮料罐装的是UCC，即使是在发售20年之后的1989年，10位消费者中，便有8位或者9位喜欢UCC咖啡品牌。在产品的差异化优势上，UCC取得了压倒性的胜利。

可是，在销售方面，当时日本可口可乐生产的佐治亚咖啡却取得了胜利。UCC的粉丝众多，为什么佐治亚咖啡会取得胜利呢？那是因为佐治亚咖啡在日本建立了全国的自动贩卖机网。1957年才进入日本的可口可乐，在日本全国建立了17个生产基地，销售不通过批发商而是设置自动贩卖机进行销售。

对比二者的自动贩卖机台数，可口可乐70万台，而UCC则只有16万台（1989年）。自动贩卖机台数差距如此之大，商品到达消费者手上的难易程度显而易见。因此，即使是想喝

第 2 章
印度摊贩：模仿的本质

UCC的咖啡，在步行途中到处都是红色的自动贩卖机，几乎所有的人都会从那里购买佐治亚咖啡。

可口可乐模仿取胜的秘诀是自动贩卖机网。日本可口可乐对比UCC咖啡，佐治亚咖啡取得了逆转性胜利；面对大塚制药的宝矿力水特，"水瓶座"与对手打成了平手。

与产品的差异化不同，自动贩卖机网带来的竞争优势可以长久地保持下去。自动贩卖机网一旦创建，对手便难以追随。因为如果先一步在好地段设置自动贩卖机，其他公司便很难在相同的地段设置自动贩卖机。并且，自动贩卖机本身的寿命也很长。一旦建成了自动贩卖机网络，即使产品开发速度落后，也会立即追上对手，用类似的产品夺回市场占有率。以这个销售网为前提，作为开拓者进行产品开发和市场开拓，也不需要背负多余的风险。

另一方面，自动贩卖机网不够充足的厂商，则不得不越来越把精力投入新产品开发中。因为如果没有产品的差异化，则不可能在竞争中取胜。他们非常清楚自己的产品会被模仿，但也不得不在产品开发上与对手一决胜负。因此，模仿的速度也越来越快。

深度模仿

结构层次模仿的意义

日本可口可乐这种结构的理想状态,被称为设置基础。[2]设置基础是利用扩大基础,通过在这个基础上提供各种各样的产品和服务,收回基础投资的做法。以前,松下以行业第一的系列销售店网为基础,不断投入高性价比的模仿产品,不断扩大市场占有率的理念与可口可乐相同。[3]另外,以法人为对象,提供信息系统解决和复印机服务等,也是以顾客为基础的商务服务,与自动贩卖机有异曲同工之妙。无论哪一种,一旦固定了基础,便很难被竞争对手超越。

身处这种状况,我们必须认真思考,自己该如何做才能发挥设置基础的优势。

在每天不断进行产品开发,也要思考下一时代企业结构的理想状态,重要的是寻找"范例"。那不仅仅是身边的同行。在其他行业、海外等遥远的世界寻找可以参考的对象,才会诞生更有意思的想法。拿软饮料行业来说,既然对手已经在最好的地段覆盖了行业第一的自动贩卖机网,便很难在这方面超越对手。也许不模仿日本可口可乐,而是从其他的世界寻找灵感更好。

下面做一个思考实验吧。假设无法和日本可口可乐进行竞争的软饮料厂商,从遥远的世界找到了"范例"。比如那个"范例"

第 2 章
印度摊贩：模仿的本质

就是第1章登场的富山卖药人，那又会怎样呢？也就是说，在各个家庭放下药箱，并且补充药品的商业模式。

实际上，矿泉水行业便是这种送货上门的商业模式。首先，把供水的饮水机租赁给各个家庭。饮水机具备保持最适合温度的功能，随时可以为客户提供美味的矿泉水（1到2年需要维护一次）。饮水机中的水由服务人员定期送来，以加仑为单位，价格比瓶装水便宜。

厂商获取收益有饮水机租赁、水的补给和饮水机维护三种方式。保持固定客户，便可以取得稳定的收益。水是任何人都要喝的，潜在市场也很大。并且，送水频率也不像牛奶那样高，可以控制住运输成本。

有意思的是，进行矿泉水上门服务的却不是饮料厂商。比如，在横滨开展LP燃气制造、装卸、零售业务的TOELL，本业做得很好，也插手了矿泉水的上门服务。另外，主营常备药品的爱知中京医药品也活用了"放置药品商法"，免费租赁饮水机，提供矿泉水的上门服务。对于和一般家庭接触的其他行业来说，矿泉水上门服务是容易入手的产业。

当然，"软饮料厂商以富山卖药人为范例"不过是思考实验。绝不能说，在软饮料产业，送货上门在今后都有效果。

这里的关键是，从遥远世界发现优秀"范例"。也许那就是

深度模仿

引发革新的灵感。

超越行业界限的共同点是什么？

下面出一个与从遥远世界寻找"范例"相关的智力谜题吧。请你说出下面四个产业的共同点。

· 香蕉

· 半导体

· 便利盒饭

· 时尚服装

首先，说起香蕉，我们会联想到"降价甩卖"吧？降价甩卖是降低利润卖光，和大减价一个意思。说起大减价，人们会想到时尚服装。在季节变化时，时尚服装可以说必然会大减价。

另外稍微调查一下便可以知道，高科技结晶的半导体也会大减价。实际上，DRAM这种常用的记忆半导体，仅仅1年时间，价格便降到最高时的十分之一。

这样一想，也许会认为四者的共同点就是降价。这么想的人直觉很敏锐。

可是，便利盒饭却不减价。这样便很难说得通了。

思考其中的理由，加盟店即使想减价，总部也不会同意。究其根源，减价也没什么稀奇。实际上，小型的便利店也确实

第 2 章
印度摊贩：模仿的本质

降价贩卖盒饭，大型连锁店根据不同店铺，也三三两两地降价销售。

到这里为止，降价似乎是找出结论的线索。但是，此时还不能急于回答"降价是成功的关键"。而是要进一步发问："为什么必须降价？"

提出这个问题，才终于找到了本质上的相同点。那就是这四者都容易"变质"。

也许你会觉得"原来是这样啊！"也许，你一开始脑子就浮现出了这个答案。也许你还会发现其他的共同点。总之，在这一系列的联想中，找到共同点非常重要。

因为，处理共同特性的商业活动的企业结构，或大或小都有相同点。

印度摊贩的故事

无论是香蕉、半导体、时尚服装还是便利盒饭，至关重要的都是新鲜度。这些商品即使是在库库存，价值也会迅速降低。必须在有价值的时间内，销售一空，而保质期限却在步步逼近。配合时刻变化的市场环境，为了不存货，必须一点点降低价格，在适合的时间内降价销售。

这与早上买入蔬菜和水果，在当天卖光的摊贩完全相同。

深度模仿

在哈佛大学商学院和凯洛格等美国著名商学院执教后,作为管理顾问表现出色的拉姆·查兰先生认为,应该把印度的摊贩当作"范例"。[4] 国际管理学者安室宪一教授,讲述过印度摊贩的故事,我想在这里大致说一下这个故事。[5]

某地有一位摊贩。

他是印度街道上常见的摊贩。他借了1万日元的高利贷,做起了买卖。高利贷没有实际的上限利息(为了故事更易懂),1年后摊贩必须连本带息偿还2万日元。对印度的摊贩来说,1万日元是不小的金额。

摊贩每天都买入1万日元的蔬菜和水果等生鲜食品。根据季节和气候变化,决定进货的种类。进货后,就该决定售价了,摊贩必须卖掉这些商品才行。摊贩把好看的商品摆放在最前排,做了各种准备。

从上午到中午,也许按最初的价格卖掉这些蔬菜水果没有问题。但是,一到下午,摊贩觉得可能会卖不光了,于是适当地降低了价格。因为如果不当天卖光,第二天蔬菜水果的新鲜度都会下降,更卖不出去了。摊贩关注着气候的变化、温度的变化、周围摊贩的行动,逐渐降低商品的价格。在时刻变化的状况下,摊贩决定什么商品在什么时候降低多少价格。如果卖得太快了,到傍晚就没东西卖了。摊贩有时会和顾客交涉,有

第 2 章
印度摊贩：模仿的本质

时则会和顾客开开玩笑缓和气氛。这些都需要经商的"商业感觉"。

最后摊贩顺利地卖光了商品。销售额为10200日元，200日元是当天的利润。因为养活全家1天只需要100日元，剩下的100日元可以存起来。摊贩放心地收摊回家了。

摊贩的逻辑性

你觉得这个摊贩的工作是成功事例吗？

不过是200日元，只是2%的营业利润，怎么看也不认为是成功事例吧。不少人会认为再提高些价格，还能提高利润吧？

可是，如果摊贩贪得无厌，考虑提高每天的利润又会怎样呢？虽然也许会有些天可以提高价格卖光商品，但反之，也一样会有卖不光商品、第二天无法用1万日元进货的日子。

比起那样来说，还是每天稳定的薄利更好，重要的是一点点积累。这位摊贩即使每天只赚200日元，一年365天重复下来：

200（日元）× 365（天）= 73000（日元）

如你所见，摊贩一年的营业利润为73000日元。其中的36500日元用来养活全家（100日元×365天），摊贩手里只剩下36500日元。其中1万日元必须支付高利贷的利息。即使如此，摊贩手里还剩下了26500日元（高利贷借的1万日元和全年的利润)。

这样,因为第二年摊贩不用再借高利贷了,也没有利息的负担了。运用自己的资本,重复今年的工作,必然会取得巨大的成功。

这个印度摊贩以惊人的速度回笼资金,是超高效的商业模式。拉姆·查兰认为,戴尔也利用相同的原理取得了成功。实际上戴尔的零件不是本公司自行制造,设备投资很少。特别是利用网络销售扩大业绩,可以把包括人工费在内的固定费用控制在最低,保持高速的资本回笼率。

并且,安室宪一教授认为,中国台湾和中国香港等地区飞速发展的半导体商务和电子机器商务也是以印度摊贩为原型,不断发展而来。而且,这些商务通过中国台湾和中国香港,在中国华南地区生根发芽。自古以来,中国华南地区就有很多拥有摊贩"商业感觉"的人,有商业主义的文化。[6]

结构模仿的关键概念——商业模式

以往就有的产业之间,有提高收益的共同点,就会成为良好的"范例"。解读这个模仿连锁效应的关键概念,就是商业模式。

商业模式这一词语,在管理学中,是最伟大的流行语之一。虽然有人批判这个词意思暧昧,但这个词却有吸引人的诱惑。

第 2 章
印度摊贩：模仿的本质

特别是会吸引那些今后创立企业的人。你也被其他公司充满魅力的商业模式吸引过吧？

・佳能的高收益是从消耗品和服务中提高收益而获取，构筑了"设置基础型商业模式"。

・乐天市场收益的稳定化是通过把顾客会员化持续提高收益，构筑了"股份型商业模式"。

・基恩士（KEYENCE）分散开发成本提高收益率，是再利用基本的零件，并且回应顾客的希望，构筑了"大众化定制商业模式"。

这样，强大的企业和魅力的商业模式结合，吸引着商务人士。仅仅是说"导入这个商业模式"，便会得到改进本公司收益构造的期待。

可是，另一方面，企业顺利成立后，它又会被当作用完的东西扔在一边，存在感很弱。其一，也许是不想被认为自己是单纯的模仿。或者，即使是模仿，也在形成自己独特风格时，失去了范例的意识。

人们大多把商业模式解释为"赚钱的结构"。当初虽然多在网络商务和IT相关的文章中出现，最近却在提高收益方面全面使用。[7]之前可口可乐的例子里，日本全国设置的自动贩卖机网是固有经营资源,被看成"赚钱的结构"的一部分。并且,在自动贩卖机网的前提下,低成本开发优质商品的业界领导地位,也包含在商业模式之中。

实际商业世界里,大多把商业模式限定为提高收益的方式。一方面,学术上则追溯到收益源泉的原理,商业模式泛指包括有利的地位和独特的资源及能力在内的企业整体结构。[8]

庆应义塾大学的国领二郎教授,对商业模式做出了以下的定义:

为谁提供什么样的价值,为此如何组合经营资源,如何供应这些资源,如何与工作伙伴和顾客沟通,何种流通途径和价格体系,以及关于商务设计的设计思想。[9]

商业模式这一词语确实有提高收益结构的意思,但那并非其本质。在设计、构筑某种结构时,将参照对象和设计思想单纯化是非常重要的一点。[10]

比如,电脑上的软件因使用许可而获得收入。说起从消耗品赚钱的例子,从替换的刀片取得收益的安全剃刀就是典型。这些与前面说过的"设置基础型商业模式"完全相同。以往在世界各地存在的各种商务,在商业模式的基础上,可以看到相互间的关联。

第 2 章
印度摊贩：模仿的本质

超越行业的参考

因此，对商业模式来说，重要的是单纯化时可以看到的共通性（图2-1的α1-α3）。特别是超越行业类别的共通性，更会成为引发革新的机遇。

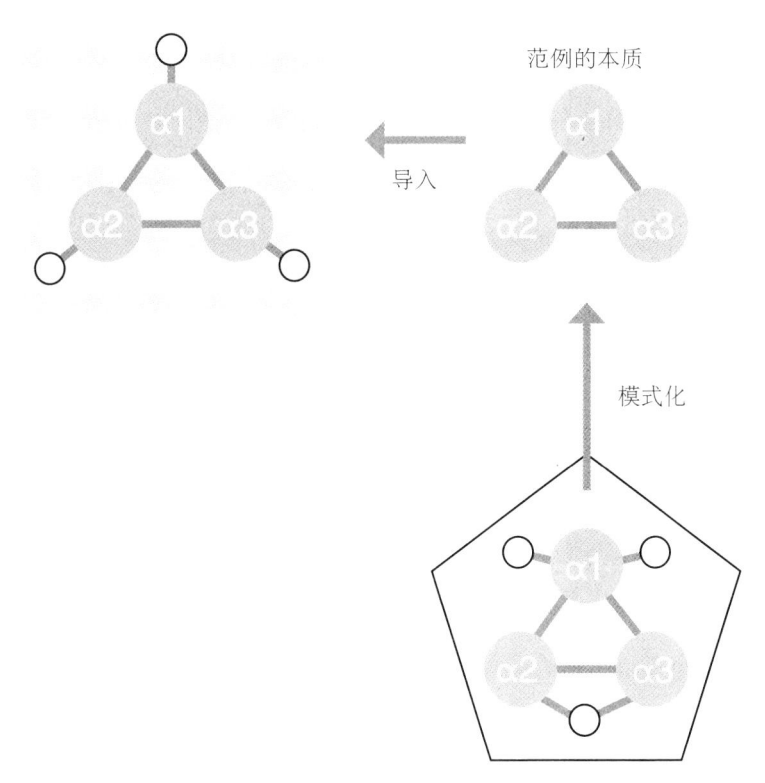

图2-1 结构的模式化

深度模仿

请大家回想一下第1章介绍的丰田汽车生产系统诞生的小故事。丰田汽车生产系统之父大野耐一先生，看到超市后，想到了"在必要的时间，购买必要量的必要产品"这种零件的购买方式。对顾客来说，在丰田汽车购买零件恰如去超市购物，目前用不上的零件，也没必要库存在公司的工厂里。丰田汽车的生产系统由此创意而生。

这正是超越行业界限，找到了共同点。

正向模仿与反向模仿

为了把模范的结构转化为自身的结构，需要相应的工作。

大致区分有两种方法。一种是从遥远的世界向范例照搬式模仿，即正向模仿策略。另外一种是从周围的世界反向模仿范例，即反向模仿策略。在第5章会对反向模仿进行说明，这里先说明一下，为什么从遥远世界的正向模仿会产生革新。

从遥远世界的正向模仿有三个等级：(1)单纯的照抄式模仿；(2)根据实际情况进行变动；(3)得到新的创意：本质性转移。

无论哪种模仿，都是模仿某一领域的事物，再把其带到别的领域里，不过产生革新的方式不同。

第 2 章

印度摊贩：模仿的本质

单纯的照抄式模仿

首先，请思考一下单纯地从遥远世界照抄式模仿之后引发的革新。

企业在特定的国家或地域的行业内展开活动。从外部带来的事物，即使这些事物已经存在于其他的地方，但是对该行业来说，还是新鲜的事物。"带来"事物的新鲜性由第一次带入原有世界而生。无论是从海外模仿结构，还是从其他行业模仿构造，因为在自己的世界里还是第一次出现，所以这可以说理所当然。[11]

这样的模仿者被称为重要先驱者。重要先驱者就是在其他地域或产品市场中，最先加入的新加入者。比如低价航空公司（Low Cost Carrier，简称LCC），便有多个重要先驱者。美国西南航空公司取得成功后，瑞安航空公司以西南航空公司为模板，在欧洲展开业务（见第5章）。之后，亚洲航空又以瑞安航空公司为模型，在亚洲展开航空业务。

虽然以西南航空公司为模板，乍一看人们会觉得是单纯的照抄，容易模仿，但实际上失败的公司很多。那是因为导入者没有完全理解范例的成功，或者被过去的成功经历束缚。瑞安航空和亚洲航空在不同的地域照抄模仿样本，都取得了巨大的成功。

根据实际情况进行变动

下面请思考一下"没有完全照抄模仿"的情况吧。模仿对象原先的领域和模仿后带入的领域不同时,必须让它符合新领域的需要,适应新领域。虽然必须自己增加新要素,但是却会带来独创性。

比如日本7-11,虽然骨骼部分是模仿的美国南方公司,但为了符合日本实际情况,必须重新创建自己的物流系统和信息系统。

罗多伦咖啡也是这样,虽然以在法国相逢"站着饮用"为最终形象进行模仿,但是为了让其能在日本实现,必须构筑低价格高收益的结构(见第4章)。

这些模仿都做了很多工作,不能说是单纯的照抄式模仿。事实上,除了参照对象的本质部分,这种模仿与瑞安航空公司那种单纯的模仿并不一样。当然,这种模仿也是把原先没有的东西带进自己的国家和行业,有重要先驱性的新意。不过,重要的是在本地化工作中引发革新。从其他世界带来东西时,出现各种各样的问题,创造性地解决这些问题诞生了创新。

得到新创意:本质性转移

那么,模仿的范例与自己距离更远时,又会怎样呢?那样

第 2 章
印度摊贩：模仿的本质

便会从令人意外之处得到灵感，为原来的世界带入全新的创意。

其典型的例子就是丰田汽车从超市中，得到了"just in time"系统的灵感。

下一章将会介绍大和运输，它的锁定核心客户战略是模仿吉野家，并且在此基础上，服务商品化方面模仿日本航空公司，也许达到这个层次的模仿可以说是面目一新的模仿。

找出香蕉减价和半导体打折的共同点，与之对应构筑需要和供给完全一致的供应链，也是这个层次的模仿之一。

说到得到新创意，人们也许会认为它是从共通点得到办法，或者是联想层次的创意。可是，那样并不能创立企业。这个层次的模仿，要看穿抽象化事物的本质。并且，把这个本质带到自己的世界里，必须创建相应的结构。这样的"本质转移"也会引发革新。

第 3 章

黑猫革命：四个要素与五个阶段

好的行为会带来成功，坏的行为会带来失败。这在寓言故事中经常出现。因为这是一种夸张的描写，孩子们可以在瞬间得到"好榜样"和"坏榜样"。比如蚂蚁和蟋蟀的故事，对比描写了夏天一直在工作的蚂蚁和终日唱歌玩耍的蟋蟀。看到冬天没有积蓄的蟋蟀的惨状，孩子们也知道必须勤勉。我们这些大人也能从中学到积蓄的重要性。

商务世界也是一样。看到优秀的企业时，我们也会想，"我们也那样做吧"。反之，看到很惨的例子，我们自然会想，"我可不想变成那副德行"。

可是，重要的是我们要从例子中学什么。只是漠然地看到"那副德行"，我们无法继续前进。我们必须明确要向样本模仿"什么"。在企业结构中，我们必须思考"那副德行"指的到底是什么。

高收益的秘密

无论什么时代，人们都想模仿高收益的企业。这些高收益企业既有报纸杂志上经常报道的著名企业，也有出人意料地压倒性占领市场的企业。这些企业为什么能持续保持高收益呢？

从竞争战略上讲，至少有两种解释。

一种解释是这些企业"拥有无与伦比的资质和能力"。这些企业依靠无法模仿的独特技术、压倒性的销售渠道、卓越的品

第3章
黑猫革命：四个要素与五个阶段

牌等，得到很高的收益率。因为这些企业占有了其他企业无法拥有的高生产力资源，所以取得了竞争优势地位，提高了收益性。这种解释是从资源基础出发。[1]

用丰田汽车来说明，就是依靠just in time生产系统和供应网络，获得高收益。7-11的话，就是依靠信息系统把握市场动向，配齐各种商品，进行商品开发，领先其他便利店。

另一种解释则注重企业选择提高收益的业务。企业无论拥有多么优秀的资源，从事竞争对手云集的商业活动，也无法赚钱。比起在血拼的竞争中提高自身在行业内的能力，不如变换场所，转移到竞争不激烈的行业中。这种观点说明收益性是定位战略观点。[2]

用丰田汽车说明，汽车产业本身就是高潜在收益的行业，与日常用品化显著的电机业相反，汽车的款式和品牌可以让顾客支付很高的价格。[3] 7-11则因为领先对手，先一步在全日本主要城市开设加盟店，即使竞争激烈，自己也会占据优势地位。

在1970年以前，无论商界还是学术界，都认为市场规模大、成长性高，潜在收益也高。可是，即使市场规模小，没有竞争，收益率也一样很高。并且，即便是衰退产业，竞争对手一个个地撤出后，结果也会变成没有竞争，幸存者会取得利益。便携收音机这种技术成熟的产品，竞争对手一个个撤出市场，最后剩下的企业取得很高的收益就是这个原因。

结果，左右收益率的是竞争的激烈程度。

美国的学术界，对资源基础观点和定位基础观点二者哪个说服力更强，展开了争论。不过，冷静地想想，正因为拥有很强的能力，才能维持有利的地位，正因为占据了有利地位，才能磨炼能力。在这个意义上说，资源和定位表里如一、相辅相成。

商业模式的分析构架——P-VAR

为了把"那副德行"具体化，必须明确模范企业的战略定位和关键的资源。并且，还应该注意从关键的资源产生价值的方法和价值的内容。

经过这些探讨研究，才能开始决定提高收益的方法在企业结构中的位置，才能分析出如何产生价值，关键的资源如何支持企业的一系列活动。

我想基于以上的讨论，指出决定从范例企业选择参照范围的构架。

首先，商业模式的要素如下所示：

- 定位方法
- 提供的顾客价值

第3章
黑猫革命：四个要素与五个阶段

- 收费的构成
- 主要业务活动
- 关键的经营资源

把这些要素从上到下排序，可以综合定位战略理论、资源基础理论和运营相关理论，组成分析的构架。如图3-1所示，最上层是市场定位，下面是提供价值的金字塔结构图。

金字塔结构共有三层。最上一层是为顾客提供的价值主张（Value proposition），这层的焦点是为特定顾客提供的有效价值。中间层是支持着向顾客提供价值的活动系统（Activity systems），也就是业务活动的运作（业务活动可以分为投资活动，即成长引擎，和回收活动，即收益引擎）。最底层是支持着企业活动的经营资源（Resources）。经营资源丰富，金字塔也就稳固。通过这些特定要素，我们可以知道企业用何种方式提供何种价值。我们用四个要素的首字母，为这个构架命名。

企业创造和革新的五个阶段

利用P-VAR框架，可以分析出样本的结构，还可以描绘出企业应有的结构。[4]可以分析企业现状与理想状态的差异，还可以研究探讨为什么二者会出现差异。

定位（Position）
· 竞争定位
· 顾客定位

价值（Value）
· 价值主张

活动（Activity）
· 关键活动
· 成长引擎
· 收益引擎

资源（Resources）
· 关键经营资源
· 渠道
· 与顾客的关系
· 合作经营

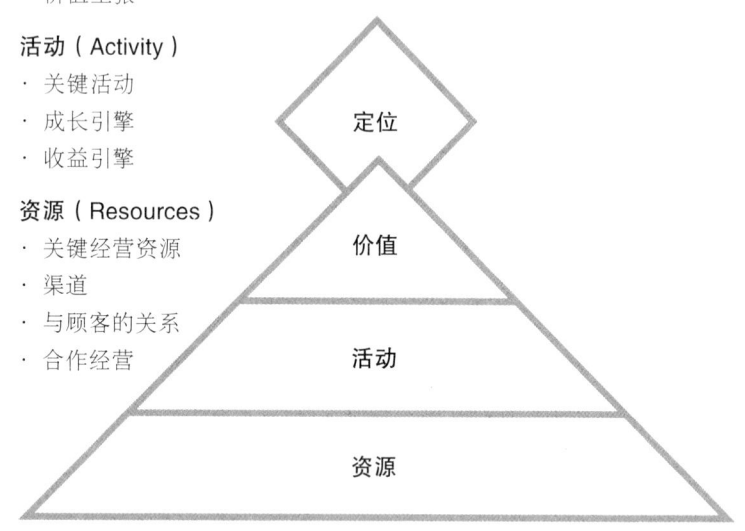

（金字塔图：定位、价值、活动、资源）

图3-1　P-VAR构架

使用P-VAR模拟实验按顺序分为以下五个阶段。

1. 分析本公司现状。

2. 选择参照样本。

3. 描绘应有状态的蓝图。

4. 逆运算算出企业现状与理想状态的差距。

第3章
黑猫革命：四个要素与五个阶段

5. 实行变革。

下面具体说明每一个阶段。这里以大和运输的快递为例子。

我们以记载大和运输第二代社长小仓昌男创立快递过程的《小仓昌男经营学》为基础，分解一下五个阶段。[5]

1.分析现状

第1阶段是分析现状。在这个阶段必须对企业结构进行整体评价，找到自身的强项和弱点，发现威胁和机会。

大和运输的现状分析是从基础部门的卡车运输业绩恶化开始的。大和运输于1919年成立，虽然近距离运输取得了成功，但是二战前的这个成功经验却成了祸根，使大和运输的远距离运输落后了一步。其中也包括创始人理念的原因，创始人坚信："卡车运输的范围是100公里以内，再远的距离则是铁路运输。"

1959年，大和运输介入东京—大阪的长距离运输，此时其他公司已经占领了主要的市场。虽然大和运输好歹还是获得了大宗运输的顾客，但利润却很低。1960年的3.1%利润率在1965年下降到1.7%。

小仓先生彻底调查了无法赚钱的原因，结果发现少量运输的利润更高。仔细计算后得出，50单位货物每单位利润为200日元，5单位货物每单位利润则为300日元，二者相差了1.5倍。

竞争对手的货物构成是什么样的呢？小仓先生偷偷地窥探了最大竞争对手的分店。小仓先生在出差时，顺便观察了卸货的现场。结果，小仓先生发现竞争对手接的小宗货物运输更多，由此，小仓先生清楚地知道了大和运输利润率低下的原因了。

2. 选择参照样本

第2个阶段是寻找参照对象的工作。

希望尽量在更广阔的范围内寻找参照样本。最终从多个参照对象中选择出参照样本，因为我们会从多个样本中描绘出多种蓝图。

虽然大和运输有多个参照对象，但是基本的战略还是从吉野家牛肉饭得到的灵感。当时，吉野家认真研究了很多料理菜单，最后只选择了精研牛肉饭。小仓先生当时回顾因服务多元化利润率降低的大和运输，认为大和运输应该成为"像吉野家一样下定决心，成为只面向个人，承接少量运输的公司（利润率高的少量货物运输）"。[6]

小仓先生反复进行了各种思考实验，考虑个人快递公司的

第3章
黑猫革命：四个要素与五个阶段

结构。他去美国出差时，终于看到了自己理想的样本。

在纽约十字路口周围停着4辆UPS的送货车。看到这一场景，我脑中灵光乍现。虽然能否超越网络收支的整体损益平衡点是一个问题，但是现在送货车辆的损益平衡点不是就有吗？[7]

小仓先生开始以辆为单位计算送货车的收支。人工费、汽油费、降价、赔偿费等确定后，剩下就是1天该运输多少货物和工作效率的问题了。

小仓先生以UPS为样本，试着计算损益平衡点在哪里，大约多少年才能达到平衡点。通过计算，小仓先生得出结论，"如果能增加每辆车的运货量，便绝对可以赚钱"。就这样，小仓先生描绘出了面向个人的快递企业蓝图。

虽说如此，当时世界上还没有面向个人的快递服务。对大和运输来说，这也是未知的世界。为了增加货物的总量，必须让一般人理解服务的内容。此时，成为商品化样本的是日本航空的"日航团体旅行"。

日航团体旅行的新创意就是外行也能去海外旅行，把门票、住宿等打包化。旅行对每个人来说，目的地和出发地都不一样。因为当时还不是普通人都能轻松旅行的时代，所以这是一个划时代的创举。

此时，小仓先生追求连家庭主妇也能明白的个人快递业务。费用是"按地区统一费用"，即使顾客对日本的地理不甚了解，也能清楚快递业务的费用。并且，"翌日送达"是这项业务的原则。就这样，"按地区统一费用"和"翌日送达"的打包商品诞生了。

3.描绘蓝图

发现样本并进行分析后，本公司的目标蓝图也清晰可见。只以海外先进的企业为样本，或者只以国内其他行业的企业为样本，都能描绘出本公司的目标蓝图。

不过，为了实现目标，必须绞尽脑汁。特别是理想和现实有差距时，必须要有一些革新。实现目标但本公司经营资源不足时，还必须通过创新消除矛盾。

大和运输以美国UPS的运输业务为基础，结合吉野家的战略思想和日航的商品化手法，有效地描绘出了企业蓝图。

可是，快递业有很大的不稳定因素。因为快递需求是偶发性业务，让人难以预测。并且无论是发送到哪里都必须去取件。因为偶发性和分散性，收发人效率很低，收益性无法预测，这也是当时业界常识。

小仓先生一心想把快递业务商业化，对这个常识开始产生

第 3 章
黑猫革命：四个要素与五个阶段

疑问。再三考虑之后，小仓先生发现了一个问题。即使各个客户的需要都是偶发性的，但从某一地区到另外一个地区大致概括的话，理应有稳定的货物流量。

问题是怎样才能把分散的货物，一个一个地收集起来。小仓先生说："那等于是把撒在地上的豆子，一粒一粒地捡起来。"即使是让顾客把货物带到大和运输的分店，普通人也不知道大和运输的分店在哪里。接到委托送货的电话，快递员去取货也需要时间。到底怎样才能把分散的货物集中起来呢？

最后，通过关系很好的米店和酒馆，解决了这个问题。

大和运输立即组建了事业部，把新产业的理念集中为"快递商品化计划"。企业的蓝图是：通过米店和酒馆收货，原则上收 500 日元费用，翌日送达的快递服务。

4. 理想与现状差距的逆运算

蓝图一旦开始描绘，便没有终点。最初描绘的蓝图不过是"终结的开始"[8]，必须持续地重新描绘。特别是产业结构错综复杂，"样本"稍有差错，便会产生意外的影响。

因此，在第 4 阶段，必须思考如何实行企业蓝图。必须进行逆运算，计算出企业在何时、如何达到目标。计划中的目标不是企业努力的目标，而是必须实现的目标。

小仓先生为了实现企业蓝图，制定了明确的方针。在货物密度不够高之前，不要计算成本。他为了彻底贯彻这个方针，打出了"服务在先，利润在后"的口号。

快递业务开始后，货物密度在某条线上便是黑字，在某条线下便是赤字。因此，让货物密度尽快多起来便是至高无上的命令。为此，我们必须提高服务水平，扩大与对手的差别。在此时不能有因为成本上涨，便要停止业务的想法。[9]

因此，快递业务开始的同时，企业员工也增加了。大和运输设置了物流中心，无论是人口多么稀少的地域，都配置了5辆车。

另外，比如找不到送货目的地时，要给寄件人打电话询问。而且送货目的地的地址"街""路"也经常写错。虽然当时长途电话花费较高，但为了彻底执行"翌日送达"的原则，大和运输会给顾客打电话确认。小仓先生认为得到顾客的感谢才是最重要的。

5. 实行变革

最后一个阶段是执行阶段。计划和执行并非各自独立。认可了参照样本，决定企业目标并制订相应的计划，必须得到执行成员的充分认可。成员们充分认可的话，即使是稍微

第3章
黑猫革命：四个要素与五个阶段

有些复杂的计划，成员们也会克服困难。

反之，如果没有认可参照样本，执行时则必然会受挫。比如，对样本有些抗拒时、原本就缺乏向样本学习的谦逊时，计划必然无法顺利执行。或是嘴上说"参考一下"，但没有真心地模仿，或者各自以不同的样本为参照，互相妥协，描绘出了不够完善的企业蓝图，根本不可能引发革新。

大和运输开始了实际的服务后，员工们非常积极认真地努力工作。当然，无论是收货还是送货都需要耗费精力，但是因为从构思阶段就得到了大家的支持，企业不但实现了目标，还慢慢地调整了体制。

最重要的是员工得到了工作喜悦的感觉。以往在处理企业运送货物时，货主给员工一种高高在上的感觉，但员工们去普通家庭收货送货时，却得到了客户的感谢和慰问。员工们以往从来没听到过客人对自己说"谢谢""您辛苦了"，现在却得到了客户的感谢，自然觉得工作很快乐，即使是耗费精力也没有怨言。

就这样，大和运输的收货量不断增长。大和运输于1976年开始快递业务，从开始年度到之后4年，每年的接货量以几何倍数增长，分别为170万个、540万个、1088万个、2226万个。

深度模仿

快递业务开始4年后的1979年，大和运输做了重大的决策。取消了与两家大型企业货物客户的业务，全心全意地投入少量的快递业务中。这是以吉野家为模仿对象，并且在业务中实际执行。在刚开始快递业务时，小仓先生便认为，"同时追两只兔子的人，到最后一只兔子都得不到"，因此逐渐减少了企业货物的交易量。

不过，与长年往来的客户断绝关系实在是让人痛心，与这些客户断绝关系后，公司是否还能成长的不安在员工中蔓延。面对这种情况，小仓先生说道：

对公司来说，失去大客户是一个重大的问题。员工自然会为此担忧。而且，还是我们这边提出的断绝业务往来，这很不一般。如果领导层不坚持信念、当机立断，根本办不到。反过来说，有时领导层必须这样当机立断。[10]

通过这个决策，大和运输"背水一战，创建了快递的体制"。收货量个数达到了3340万个，第5年便超越了损益平衡点，获得了39亿日元的利润（利润率5.6%）。

大和运输快递产业分析

通过这5个阶段，快递业务顺利地走上了正轨。通过对吉

第3章
黑猫革命：四个要素与五个阶段

野家、UPS以及日航等多个样本的模仿，大和运输取得了成功。虽然中途失败也没什么稀奇，但大和运输却成功地创立了完整的结构。

那么，大和运输的产业整体是如何统一的呢？为了找到答案，我们整理一下P-VAR吧。分析一下快递业务盈利的1980年。

定 位

首先，分析一下市场定位。小仓先生在开始快递业务之前，认为货物运输市场大致分为两部分。一部分是商业货物的运输市场，占物流整体的很大比例。这部分市场非常清晰，大致决策时，根据在一定的线路上运输一定量的货物的特性即可做出决策。

另一部分是个人生活中产生的运输市场，这部分市场很模糊。虽然有提供搬家的运输服务，但少量运输一直是邮局在唱独角戏。即使顾客有这方面的需求，大家也不认为应该成立公司解决这部分需求。

大和运输被迫在商业货物运输市场和对手苦战。在长距离运输方面，大和运输落在对手之后，不得不降低运输价格。

此时，大和运输把目光投向了第二市场：面向个人的快递市场。

深度模仿

　　大和运输大致估计:"大和运输掌握着百货店的秘诀,加入个人快递业务也许没什么问题。"包裹和小型货物的接货量大约有2.5亿件。假设每件货物收取500日元的送货费,这便会成1250亿日元的市场,市场规模足够大和运输进行商业活动了。就这样,大和运输主动改变了自己的市场定位,开始了个人快递业务。

价　值

　　在当时,以普通人为对象的快递业务还是新的产业。以往的商业运输常识完全派不上用场。

　　小仓先生站在普通人的立场上思考。

　　原本运送小邮包是很麻烦的工作。必须牢牢地捆好,再用绳子系紧,还必须标上地址的标签。尽管如此,还有很多人投诉邮递窗口的不到之处。而且,邮寄包裹到达目的地需要4到5天。

　　并且,普通人和行业内人士不一样,不了解市场和价格。没有多少距离值多少钱的概念。对日本地理也不是那么了解,没有距离感。

　　因此,提供的价值必须简单易懂,费用统一为好,服务的内容也原则上是第2天到达目的地。

　　参考日航的商品化,大和运输给个人快递业务起了"宅急便"这个朗朗上口的名称,容易让人产生亲切感。货物打包方面,

第3章
黑猫革命：四个要素与五个阶段

也没有过细的规定。放进纸箱也可以，即使是放进纸袋子，只要牢牢地捆扎好，也没有问题。假设必须需要加固包装，这个工作交给大和运输的员工就可以了。

快递业务不但对顾客来说简单易懂，简单化的工作还为公司削减了事务经费。费用的设计简单易懂。当时，距离和重量决定了小包裹运输的费用，这样的计算非常麻烦。因此，大和运输创建了简单易懂的费用体系：相同地域500日元，送货距离每远一个档次，加收100日元。

送货地区逐渐扩展到日本全国，最开始为太平洋一侧的几个县市。翌日送达是服务的"卖点"。

活动与资源

综合以上特点，宅急便成了充满魅力的商品。

不过，实现"翌日送达"和"简单易懂的费用体系"却并不容易。为了提供这些价值，公司必须进行很多工作。其中的关键就是活动，或者说是活动系统。

宅急便必须有完整的收发网络，用一句话说，就是中枢与辐条。中枢与辐条是航空产业经常提起的话题，仿佛是自行车车轮，中轴点（中枢）放射出线状的送货网（辐条），形成整个输送网。分散在某一地区的货物，集中到中枢地域点，加以区分，然后从中枢发送到其他地区的中枢。最后，再利用辐条把货物送到地区内的各个目的地。

面向个人的快递业务，各都道府县最少都要有一个中枢。大和运输把中枢称为基础点。每一个基础点延伸出20条左右的辐条，每个辐条连接着收发中心。收发中心又连接着转发店铺。如此形成了整个收发网络。大和运输在1976年开始个人快递业务时，便有45个基础点和900个收发中心。

大和运输通过这个收发网络，实现了翌日送达。白天，快递员从转发店铺或者个人那里收集货物，傍晚把货物集中到基础点。然后在那里把货物装车，晚上9点出发，第2天早上便把货物送到了其他地区的基础点。之后，把货物发送到各个地区的中心。最后再使用送货车，把货物从各个中心送到各个家庭。

收入的流向与成本构造

实现翌日送达的中枢与辐条，是大型的网络。构筑这个网络需要巨额的投资，还需要花费大量金钱维护网络。

如果不能增加货物流量，无法获得利润，便无法持续提供服务。正因为如此，必须通过只有大和运输能做到的翌日送达服务，收集大量的货物取得利润。如果停止翌日送达服务，放置货物的保管费也会大幅增加。因此，大和运输希望通过翌日

第 3 章

黑猫革命：四个要素与五个阶段

送达这种高速的运输服务，尽可能地运输大量的货物。

这就是快递业务的基本收入原理。一般运输商业货物，都是月末结算，大客户大多用支票结算。不过，个人快递业务却是当场现金结算。因为每天都能收到不少钱，所以不用为流动资金发愁。

四个要素的整合

以上的 P-VAR 用表 3-1 简单整理后，我们会发现，整合

表 3-1　大和运输个人快递业务的 P-VAR 分析

		黑猫宅急便（1980 年）
定位	顾客	不特定的多数个人
	竞争	无（硬说要有的话，那就是邮局）
价值	价值主张	速度（翌日送达）、易懂的费用体系（按地区统一费用）
活动	关键活动	紧密合作的运输业务（转发店取货，晚上送货）
	成长引擎	增加货物密度，产生利润（服务在先，利润在后）
	收益引擎	少量货物的运费高（虽然要投入成本，但是可以预测到利润）
资源	关键资源	中枢与辐条的运输网络（基础点、收发中心与转发店），训练有素的送货员。

深度模仿

四个要素便会产生价值,实现其他公司无法模仿的结构层次差异化。以好的样本为基础继续发展,各个要素完美地结合在一起。那就是伟大的经营的特征。

第4章

两种咖啡：模仿的创造性

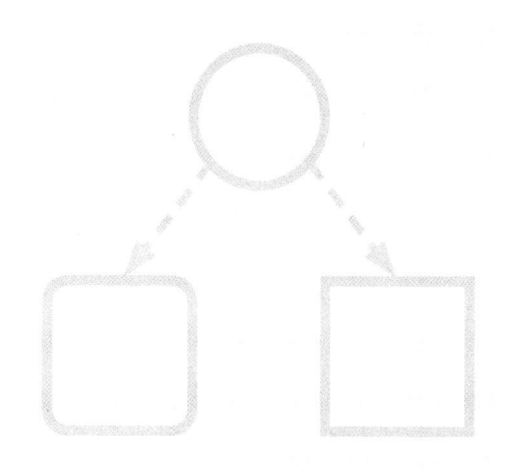

深度模仿

初夏在名古屋的酒店里，我们和来自美国的教授召开了午餐会。他就是在俄亥俄州立大学费舍尔商学院执教的石家安 (Oded Shenkar) 教授。他是《模仿的力量》(*Copycats*) 的作者，通过实地采访调查，他发现世界性的革新业务大多是从模仿开始。他在自己的著作中，用各种各样的事例，说明了模仿是如何理智的行为。

当时我们谈到了日本丰田汽车以超市为样本的话题。

你们从丰田汽车学到了什么呢？

石家安教授向我们提出了问题。除了生产系统、品牌、自动化、车灯等各种各样的结构之外，人才的培养方法、供应商网络也非常卓越。因为丰田汽车卓越的管理，可以学习的东西实在是太多了。

说不上来对吧？我们当然会因为可模仿的东西太多了，而为之烦恼。模仿其实是一种创造性的行为。

说到模仿丰田汽车，但是模仿什么，又如何模仿呢？关注的要点因人而异。这并非仅仅是丰田汽车。即使是模仿同一家公司，人们脑海中描绘的企业蓝图也不一样。并且，重复各种失败，结果也会产生不同的结构。模仿的主体不同，自然会产

第 4 章
两种咖啡：模仿的创造性

生不同的结果。

特别是从独特角度出发，将其转化为自身东西的人，可以符合自身的现状，进行创造性的模仿。再加上这个人自身的经验，自然会产生创造性。

大和运输的小仓昌男先生也是从吉野家学习专业性，从UPS感受到配送密度的重要性，从日航团体旅行看穿了服务商品化的本质。如果别的经营者关注吉野家、UPS、日航团体旅行的话，也许会参考这些公司的其他部分。

印象派和写实派看到相同的景象，描绘出的作品完全不同，模仿的道理与其相同。写实派画家会着力描绘田园农场里的农夫播种，描绘出现实感。与之相对，印象派画家则会着力描写太阳落山时的光与色彩。[1]

在彻底研究怎样模仿前，本章先谈谈模仿的创造性。

咖啡的模仿

说起美国和日本诞生的咖啡品牌，星巴克和罗多伦咖啡最为有名。这两种咖啡都是以欧洲的咖啡为样本而诞生的。两种咖啡的创始人都在欧洲体验过，然后都回国开了咖啡店。虽然不能说星巴克咖啡是模仿意大利的咖啡，罗多伦咖啡是模仿法国和德国的咖啡，但无论哪种咖啡都保持了欧洲的传统。

创建星巴克咖啡的霍华德·舒尔茨和罗多伦咖啡的创始人鸟羽博道是怎样模仿的呢？我们以舒尔茨的著作《将心注入》(*Pour Your Heart Into It: How Starbucks Built a Company One Cup at a Time*) 和鸟羽博道的著作《罗多伦咖啡：胜利或死亡的创业记》为基础，研究一下其中的奥妙吧。[2]

星巴克的样本

星巴克是在全世界50个国家开设了1.7万家分店的咖啡连锁店（2011年）。回溯星巴克创立的1971年，当时星巴克还是美国西雅图贩卖咖啡豆的小店。现董事长兼CEO霍华德·舒尔茨改变了原先的状况，使星巴克不但销售咖啡豆，还为客人提供浓缩的咖啡饮料。

霍华德·舒尔茨第一次拜访星巴克是在1981年。此时他正担任一家厨房用具和日用杂货公司的副董事长。在当时，卖咖啡豆也很罕见。舒尔茨试饮了用星巴克的咖啡豆磨成的咖啡后，彻底被这种咖啡俘虏，舍弃了自己副董事长的职位，加入了星巴克。

入职1年后，霍华德·舒尔茨只身前往米兰，参加了国际家庭用品展，这成为了他人生的转机。那时，他在咖啡店的亲身体验改变了他的人生。

第4章
两种咖啡：模仿的创造性

在酒店前往会场的途中，舒尔茨偶然进入咖啡店，使他体验到了不同的世界。迎宾员微笑着迎接，店内苗条的招待热情地问候。当时正好有三位客人点了浓咖啡和卡布奇诺，招待的动作优雅华丽，加之卓越的冲调技术，堪称完美的表演。

舒尔茨饮用的浓咖啡是从真正的咖啡豆中提取的精华，舒尔茨3口喝光了杯中的咖啡，口中的余韵让他回味不已。他看到经常来光顾的客人们在聊天，店里成了休闲和聊天的场所。

舒尔茨深受感动，当天就去了好几家咖啡店。有家咖啡店，头发花白的招待能亲切地叫出每位客人的名字。另外一家咖啡店里，大人物们在谈着政治话题。既有华丽的店铺，也有面向百姓的店铺。虽然每家店铺都个性十足，但也有每家店铺都有的共同之处。

那就是每家店都有水平高超的招待，并且，围在招待周围的熟客们谈笑风生。

对意大利人来说，泡咖啡店是他们日常生活的一部分。每天早上，他们用自己专用的杯子喝一杯浓咖啡，才去上班。白天，退休老人们或者带着孩子的太太们都来到咖啡店闲聊。傍晚，咖啡店把桌子摆在外面，大家喝喝葡萄酒。如果没有招待，各种景象都不会存在，招待在意大利是受人尊敬的光荣职业。

深度模仿

星巴克的状况

舒尔茨看到意大利的咖啡店，开始对自己的做法产生了疑问。因为当时星巴克不过是制作和销售咖啡豆的小卖店。虽然自己也爱咖啡，但是却无法让更多的人感受到咖啡的魅力。他心里出现了这种不安：

我们把咖啡当成农产品对待，只是装在袋子里给顾客送去。这跟卖食物的杂货店没有区别。这种做法和历经几世纪形成的咖啡文化实在是相距甚远。[3]

舒尔茨有一种自我否定的感觉。之后，他下定决心，要让客人在店里喝到咖啡。他觉得让更多人接受咖啡文化，是自己的使命。而且，他想让人在美国也能体验到自己在意大利的体验。

可是，实际上开咖啡店却面临很多困难。开咖啡店就意味着星巴克要脱离烘焙行业。咖啡店和以往贩卖咖啡豆的业务互相矛盾。

没办法，舒尔茨决定自立门户，开办了伊尔·乔尔纳莱公司。当时，他亲自去意大利，仔细观察了500家左右的咖啡店，还拍照或摄影记录，努力在美国再现真正的咖啡店。

实际上，西雅图的1号店非常特别。咖啡店内没有椅子，

第4章
两种咖啡：模仿的创造性

客人只能站着享用咖啡。菜单全部为意大利语，音乐也是意大利歌剧。店内装饰为意大利风格，店里的招待也穿着白衬衫，打着领结。

可是，舒尔茨发现，彻底的模仿未必是好事。有客人觉得歌剧很吵，也有客人要求店里准备椅子便于休息，还有客人要求英文菜单。虽然为了保证咖啡的美味，店里用的全部是陶制杯子，但是却不能外卖。因此，舒尔茨又准备了纸杯，使店里的咖啡可以外卖了。

虽然有很多困难，但伊尔·乔尔纳莱依然顺利地发展起来。

不久之后，星巴克因为出现了经营问题，于1987年出售商标、店铺和烘焙工厂。舒尔茨立即决定收购星巴克。咖啡店也需要烘焙工厂，并且咖啡店的服务和销售咖啡豆是互补关系。最重要的是，舒尔茨觉得这也是自己命中注定的事。

可是，伊尔·乔尔纳莱的一位投资者打算亲自主管星巴克。那位投资者说收购星巴克是自己的主意，想趁机夺走舒尔茨创建的产业。为了对抗这意想不到的妨碍者，舒尔茨只能寻找其他的投资者。最后，舒尔茨得到了其他投资者的支持，总算筹措到了资金，终于把星巴克收入囊中。

之后，星巴克成为了统一的品牌，成了既销售咖啡豆，也可以在店里饮用咖啡的新型咖啡店。企业标志继承了星巴克的传统，也加入了伊尔·乔尔纳莱的现代风格。由此诞生了全新的星巴克。

星巴克的企业理念

获得新生的星巴克不但在西雅图受到欢迎，连以往和咖啡无缘的芝加哥和洛杉矶等地也接受了星巴克。对星巴克的成长，舒尔茨向自己提出了问题：

在各种各样的城市里，为什么以星巴克为首的咖啡店能俘获人心呢？[4]

人们逐渐了解星巴克不仅仅是提供咖啡。星巴克有独特的魅力，会吸引顾客。舒尔茨在自己的著作《将心注入》一书中，用四个关键词说明了星巴克吸引顾客的价值：

- 品位浪漫
- 触手可及的奢华
- 绿洲
- 轻松的交流场所

这个价值就是人们在繁忙的日常生活中，可以稍稍奢侈地放松一下。

第 4 章
两种咖啡：模仿的创造性

其中，轻松的交流场所这一点非常重要。因为舒尔茨一直注重为人们提供"放松和交流的场所"。

星巴克为穿休闲装的人提供交流的场所，称为"第三场所"。与第一场所家庭、第二场所职场不同，第三场所是可以让人无忧无虑的场所。

西佛罗里达大学的名誉教授莱伊·奥尔登巴克认为，人们追求与家庭或职场不同的、不限形式的社交场所。法国的咖啡店、英国的酒吧、德国的庭院式啤酒屋都起到了这样的作用。虽然美国以前的酒馆和理发店也起到了这样的作用，但是因为美国人普遍生活在郊外，很少能聚集在这些场所交流。因此，人们都陷入了孤独。

加入"第三场所"的想法，舒尔茨重新认识了星巴克。星巴克的店铺虽然逐渐成为第三场所，但是还不够完善。顾客与顾客、顾客与员工的交流很少，还有很多客人只是叫外卖。尽管如此，星巴克已经开始成为集会地点或者是等人的地点了。因此舒尔茨认为，新开的店铺必须更大，有更多的座位。

这个判断非常正确。之后，1990年开始飞速发展的计算机网络，使第三场所的需求量大幅提高。在家里工作的人越来越多，这些人有时需要与人交流，便来到星巴克。

就这样，星巴克逐渐发生变化。原本星巴克的理念是，在美国再现意大利便捷式咖啡店。现在已经演变为"办公区备有无需等待的立式吧台的外卖店"。[5]

不过，为了在美国实现意大利那种"放松与交流的场所"，星巴克咖啡店的外观与意大利的咖啡店有些不同。

星巴克的企业结构

包括咖啡店在内的服务行业，一次失误都是致命的。在现场工作的服务人员责任重大，因为他们傲慢的举止会使客人不满，而不再光顾这家店铺。因此，让客人感受到第三场所的浪漫，必须先营造让员工开心的工作环境。所以舒尔茨最初便倾注全力与员工构筑信赖关系：

对小卖店和西餐厅来说，顾客得到何种体验决定了一切。哪怕只有一次，给顾客留下了坏印象，就会永远失去顾客。既然把公司的命运交给了那些打零工的20岁学生和表演志愿者，那就不能像对待消耗品一样对待他们。[6]

实际上，星巴克的员工中三分之二都是做兼职的人。其中还有从早上5点工作到晚上6点的人。如果没有他们的帮助，星巴克也不可能为顾客提供高品质的服务。

正因为如此，舒尔茨把员工当成亲人对待。虽然在美国，

第4章
两种咖啡：模仿的创造性

企业一般不给这些做兼职的人上社会保险，但是星巴克却像正式员工一样对待那些每周兼职20小时以上者，给他们上健康保险。这个制度为星巴克招来了无数优秀的人才，离职率也非常低。员工也积极工作，为公司想出各种好办法，工作中更不惜体力。更重要的是，公司和员工间形成了深厚的信赖关系。

1991年，舒尔茨还导入了给全部员工优先认股权的划时代制度。该制度名为咖啡豆股票计划。这与只重视股东，轻视员工的管理形成了强烈的对比。

舒尔茨如此重视员工，并非只是为了提高服务水平。他对那种把员工当成工具的管理方式也非常厌恶。

虽然舒尔茨的父亲是勤奋的工作者，却没有从美国社会得到任何回报。舒尔茨的父亲从事过卡车司机、工人、出租车司机等职业，为了维持家计而拼命工作。虽然他为了适应组织，拼命努力地工作，但却没有得到回报。尽管舒尔茨的父亲是受人尊敬的人，但是却没有找到有工作价值的职场，直到生命的最后，也没有对自己的职业有任何自豪。

舒尔茨本人似乎也没想过要成为管理者。不过，舒尔茨却发誓："在自己能掌控什么时，一定不会对人们见死不救。"

咖啡非常脆弱，处理方法稍有错误便会损失口感。员工也是一样，所以把员工都当成亲人一般对待，且委以重任，就意义重大了。因此,星巴克不是加盟而是直营。

虽然加盟店可以分担费用不是坏事,但对星巴克来说,极为重要的是自己与顾客的亲密关系,加盟店有损害到星巴克和顾客关系的危险性。[7]

加盟店虽然可以让有限的资本得到成长,但舒尔茨却担心加盟店会使星巴克失去与顾客直接的联系。

下面用第3章的P-VAR分析星巴克。

表4-1 星巴克的P-VAR分析

		星巴克
定位	顾客	本不知道咖啡文化的人
	竞争	无(不同地域的一般咖啡店)
价值	价值主张	放松与交流的场所(第三场所)
活动	成长引擎	直营店,与员工形成信赖关系(适用兼职的社会保险、咖啡豆股票计划)
	收益引擎	高品质的咖啡和服务的等价报酬 低离职率(降低录用和培养人才的成本)
资源	经营资源	直营店,与顾客直接联系,与员工的信赖关系等

第4章
两种咖啡：模仿的创造性

罗多伦的样本

在日本引发咖啡店革命的罗多伦咖啡，也因接触到欧洲的咖啡而诞生。

罗多伦咖啡是拥有全日本最多店铺的大型连锁企业。鸟羽先生因为19岁时的一次偶遇，产生了创立咖啡店的念头。他无法忘记自己在西餐厅工作时，每天早上第一杯咖啡的味道。咖啡豆的芬芳很大程度地改变了他当天的工作。基于这种亲身体验，鸟羽以"通过一杯咖啡给人带来安逸和活力"的使命感，开始创业。

鸟羽先生最初从咖啡豆经销商干起，一番辛苦后，终于拥有了自己的店铺。当时鸟羽先生正好参加行业团体考察，遇到了让自己难忘终生的"样本"。

鸟羽先生最先访问的是巴黎，巴黎往来的行人都把喝咖啡当成日常生活的一部分，这给他留下了深刻的印象。巴黎咖啡的价格和日本也不一样，在外面的露台上喝咖啡150日元，在店内喝100日元，站着喝50日元。虽然在日本咖啡还是特别的事物，但在巴黎人们却每天早晨，都以很便宜的价格在咖啡店站着喝一杯咖啡才去上班。鸟羽先生当时便觉得，"对，就是这个！这种站着喝咖啡的咖啡店正是咖啡馆的最终形态。"

考察的下一个目的地是德国，鸟羽先生在这里也感受到了震撼。德国有家名为蒂博的著名咖啡连锁店。在店外就挂着咖啡豆，并且销售咖啡豆。而当时的日本，还只有高级百货商场才卖咖啡豆。不巧的是，鸟羽先生考察时，蒂博咖啡店正好休息，鸟羽先生只能隔着玻璃拼命地观察店内的情况。鸟羽先生当时切身感受到，不久后，在日本普通的咖啡馆也能卖咖啡豆了。

鸟羽先生最后访问的是瑞士的烘焙工厂，那里的美丽让鸟羽先生为之惊讶。在铺满草坪的庭院里，盛开着美丽的鲜花。鸟羽先生说："那简直就像童话中的花园工厂一样。"

罗多伦的状况

与欧洲的咖啡店相比，日本的咖啡馆太落后了。当时，日本的咖啡馆几乎都是昏暗的环境。咖啡煮熟了，失去了原来的香气。店里都是闲聊的打工族，弥漫着烟草的气味。

更过分的是格调低下的咖啡馆不断增加。虽然有爵士咖啡吧、民谣咖啡吧等正经的咖啡店，但另一方面却又有不少陪聊咖啡吧和美女咖啡吧等色情咖啡吧。而且，高中生去咖啡馆也会受到退学处分。

另外，咖啡的价格也不断上涨。当时日本正处于高速发展期，原料费、房租费、人工费都在快速上涨。虽然行业内人士都觉

第4章
两种咖啡：模仿的创造性

得涨价理所应当，但鸟羽先生却担心顾客迟早会因为支付不起这个价格，而不再光顾咖啡馆。鸟羽先生当时非常厌恶，行业正往自己理想相反的方向前进。

正因为如此，鸟羽先生在欧洲考察，看到了自己理想的样本，才会受到震撼。鸟羽先生回忆起这段经历时说道："理想的咖啡店形象仿佛是台风过后晴朗的秋日天空一般,现在我都不会忘记。"[8]

罗多伦的企业理念

在这次考察后，鸟羽先生在"健康、开朗、男女老少都喜欢的咖啡店"理念下，开办了科罗拉多咖啡店。该咖啡店按产地为顾客提供世界各地的咖啡，顾客也可以在店里享用美味的咖啡。因为以往从不去咖啡店的人现在都来了，所以顾客人数大幅上升。商务人士、商店老板、自由职业者，还有买完东西回家的主妇，在不同的时间段，咖啡店招待着不同的客人。在当时，日本的咖啡店每天翻台6次便算得上成功，而科罗拉多咖啡店甚至一天翻台了12次。

有了这次成功的经验，鸟羽先生于1980年创建了罗多伦咖啡。鸟羽先生偶然间在原宿的黄金地段听到有人说："虽然只有9平方米，但却想开个咖啡店。"这时，鸟羽先生意识到："时候到了！"

罗多伦的企业理念用一句话说，就是低价格站着喝的咖啡店。也就是像鸟羽先生1971年在巴黎香榭丽舍大街看到的咖啡店那样。让鸟羽先生感受到"这就是最终形态"的咖啡店，经历了10年岁月，终于迎来了实现的机会。

罗多伦的企业结构

鸟羽先生首先决定每杯咖啡的价格是150日元，然后开始思考如何才能实现这个低价。

实现低价格，最重要的是翻台率。有更多的人光顾咖啡店，实现低价格、高客流，便能获得利益。

首先，必须在城市中心的一级地段开店。虽然一级地段开店的租金不菲，但如果在闲散地段开店，顾客也不会光顾。为了让尽量多的顾客来店，二级地段都不行，更别说是三级地段了。因此，罗多伦咖啡一开始便在车站前和繁华购物街中心的一级地段开店。

当然，即使有很多客人，没有优质的服务也不行。即使时间很短，咖啡店也能给顾客提供高密度的悠闲时段。对此，鸟羽先生的回答出人意料："创建一家员工的劳动负担不大，微笑服务的自助式咖啡店吧。"[9]

最重要的是不让顾客等待。并且，员工必须微笑着为顾客

第4章
两种咖啡：模仿的创造性

服务。为此，鸟羽先生引进了自助服务，并且彻底执行机械化。

鸟羽先生购置了咖啡机以及餐具清洗机和输送机。托这些机器的福，很少的员工也能快速地完成工作。通过机械化和自助服务的组合，客人几乎在柜台点单的同时，便能拿到自己想要的商品。顾客不用等待。与以往的咖啡店相比，罗多伦咖啡的劳动生产率提高了大约4倍。

150日元是当时日本咖啡市场价格的一半左右，由于价格过低，甚至大家都认为罗多伦咖啡是"特别打折店"或者是限时的价格。

这个价格当时在业界也是非常重要的话题。

鸟羽先生一方面实现了低价格，一方面还追求咖啡的美味，从咖啡豆的采购到烘焙方式都严格审核。咖啡豆只使用危地马拉的高品质咖啡豆，为了栽培更好的咖啡豆，罗多伦还在夏威夷开设了自己的农庄。

咖啡豆还要经过复杂的烘焙。烘焙的方法一般有直接烘焙和热风烘焙两种方法，罗多伦选择了直接烘焙的方法。这是一个难以机械化，必须人工烘焙的方法，效率只有热风烘焙的三分之一。不过，为了追求咖啡的美味，鸟羽先生还是选择了直接烘焙。

相同的对象，不同的结构

有意思的是，星巴克和罗多伦虽然都是接触到欧洲咖啡文化后创立的新企业，但是公司的经营理念却完全不同。

星巴克咖啡虽然以站着喝咖啡的咖啡吧为模型，却成为了放松悠闲的咖啡店。有一种说法认为，西雅图的降雨量是全美国第一，因此需要休闲放松的场所。

而罗多伦咖啡虽然以正统的法国咖啡店为模型，却成为了高翻台率的站着喝的咖啡。想到日本人的繁忙，自然也会接受这种方式了。

星巴克和罗多伦都是从遥远的地方模仿其他公司的本质部分，然后结合本国的实际情况加以变更，产生了独创性。

看清应该模仿的本质非常重要。在本章开头介绍过，石家安教授提出的问题："您从丰田汽车模仿什么呢？"也许只有优秀的经营者才能立即回答。至少，他们可以感觉到应该模仿的本质。

星巴克的舒尔茨先生观察了多个很有个性的咖啡店，看清了招待和顾客间的同伴意识非常重要。即使是第一次接触意大利的咖啡文化，舒尔茨先生便恰当地把问题简单化，看到了最为关键的部分。

第 4 章
两种咖啡：模仿的创造性

罗多伦的鸟羽先生也在短期的考察中，预见到"站着喝咖啡正是咖啡店的最终形态"。罗多伦从法国的咖啡店得到了站着喝咖啡的灵感，从德国蒂博咖啡学到了卖咖啡的方式，从瑞士的工厂学习到了环境的重要性。通过结合欧洲考察到的多个样本，创立了高独创性的罗多伦咖啡。

可是，实际上创建和印象一致的企业结构并不容易。因为开始时，无法选择最适合的要素。

从根本上说，无论星巴克还是罗多伦，都是从单纯的模仿开始的。

星巴克的舒尔茨先生彻底观察了将近500家真正的意大利咖啡店，用笔记、相机、摄影机做了记录，认真思考如何才能在美国再现意大利风格的咖啡店。

可是，忠实再现意大利风格咖啡店的细节却没有派上用场。站着喝咖啡的形式、播放的歌剧、意大利语菜单、领结等，都没有得到顾客的支持。

罗多伦也是一样，不能完全模仿法国的咖啡店。在法国，虽然一般都是在柜台结账的同时就能得到咖啡，但日本却并非如此。并且，罗多伦为了实现低价格，导入了机械化和自助服务。为了实现让顾客站着喝咖啡的形式，罗多伦的运营和法国的咖啡店完全不一样。关键的是，单纯的模仿还不够。

深度模仿

即使最终是创造性的模仿，最初开始时也未必就看清了应该模仿什么。而是在过程中彻底的模仿，从模仿的成功或失败中，学到很多东西。

罗多伦的鸟羽先生认为，有杰出的人物、优秀的事物，就应该毫不羞涩地模仿学习。

关键是从他人学习到东西。也就是说，我认为从模仿、借鉴出发，是最快的学习方法。寻找比自己优秀的人，彻底地向他学习。学习、学习，直到自己没有可学的东西为止。[10]

从彻底模仿诞生的创造性

正如之前所讨论的，一般来说，模仿是最有效率的学习方式。

不过，仔细考虑一下，模仿虽说是忠实地再现，但实际做起来也许非常非常难。因为那需要很强的能力。

比如，无论是产品还是结构，即使是从外部进行解析，也会有试验失败。在模仿100个秘诀反复失败时，自己的能力也会相应增长。如果能这样提高能力，在下一个舞台便能发挥出独创性。模仿可以说是一项高负荷的工作。而负荷正是成功的关键，可以有相反的见解。失败及学习过程都非常重要。

怕麻烦的模仿绝对不会引发革新。

第 4 章
两种咖啡：模仿的创造性

关于产生创造性的理论，罗多伦咖啡的鸟羽先生如此说道：

彻底学习对方，研究对方，模仿对方。通过这个过程，个人的能力也会得到提高。并且，我认为通过个人提高的能力，会产生独创性。[11]

在日本古代的艺术界里，为了提高自身的技艺水平，也推荐彻底的模仿。[12]模仿女人、模仿老人、模仿疯子。只有成为模仿对象，才能理解模仿对象的心境。在商业世界也是一样，越是精研商业之路的管理者，越是向别人模仿，不断进行模仿锻炼。

第 5 章

四种学习对象:模仿谁? 怎样模仿?

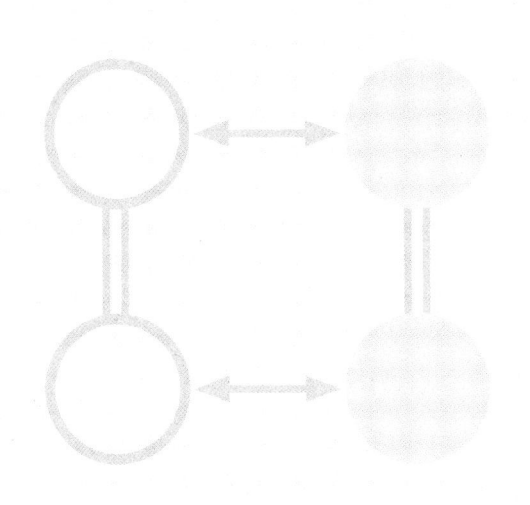

深度模仿

无论在哪个行业，都会有一些企业成为人们热议的话题。报纸和杂志上刊登这些企业的事迹，第二天人们就会热议："那里是这样的，我们公司不做些什么不行吧？""那里都这么做了，我们也这么做吧！"

即使没有在正式会议上提出建议，在非正式的场合，人们也会讨论。在这种情况下，什么样的企业才能榜上有名呢？必然是以某种形式模仿样本的公司。

一般来说，满足下面条件之一的企业，很容易成为被模仿的企业。[1]

- 业绩上升的公司
- 行业内获得高评价的公司
- 行业内频繁被模仿的公司

我们清楚地知道，应该模仿业绩好的企业，因为我们也觉得通过彻底地模仿，本公司的水平也能提高。

模仿行业内得到高评价的公司，我们也能理解。即使是在前途不明朗时，模仿值得信赖的公司，或者是模仿被其他公司模仿的公司，也不会受到周围的非议。[2]特别是导入制度等得到成果需要时间时，大家都想追随业界的领军公司。[3]

第 5 章

四种学习对象：模仿谁？怎样模仿？

模仿的四种模式

可是，并非仅仅关注业绩好的竞争对手就行了，也并非和获得高评价的公司并驾齐驱就好了。虽然大家都要模仿，但是即使是随波逐流地模仿样本，也未必就能取得成果。

本章对向谁模仿、如何模仿的基本方法进行说明。其一是向"模范教材"模仿的方法。即使是从遥远的世界模仿，也是基于争相模仿的"暗喻的灵感"，从其他行业、海外，或者是过去寻求灵感的方法。一边寻找以往没有注意到的共通点，一边寻找样本。

另外一个是从"反面教材"模仿的方法。[4]这与第8章介绍的"逆向思维"相同，是通过反向研究同行业的企业，获得灵感的方法。

模仿谁？怎样模仿？学习对象在"公司外"还是在"公司内"也有区别。

所以，我们可以从"模范教材还是反面教材""公司内部还是公司外部"这两个切入点，整理出样本的类型。基本类型可以分为4种。作为样本时，需要注意的要点各不相同，下面按顺序对其进行说明。

表5-1 模仿的四种基本模式

	正向模仿（肯定）	反向模仿（否定）
公司外（其他公司）	单纯模仿	反面教材
公司内（自己）	横向发展	自我否定

单纯模仿

正如前一章介绍的咖啡店，在遥远的世界里，就没有好的样本吗？或者说，时尚服装参考便利店，在相似的行业结构里，就没有可以成为模仿对象的样本吗？即使是在遥远的世界，只要有样本，便可以拿来学习。单纯模仿就是模仿其他公司的一部分，或者是对其整体进行模仿。

人们一般容易认为单纯模仿是为了追上竞争对手而采取的行为。不过，正如我反复强调过的一样，即使是单纯模仿也能带来革新。把外国的企业结构带到本国，把相近行业的企业结构带到本行业，都可以引发革新。

瑞安航空

被称为LCC的低价航空公司，是通过单纯模仿取得显著效果的行业之一。其原型是美国的西南航空。欧洲的瑞安航空、

第 5 章
四种学习对象：模仿谁？怎样模仿？

亚洲的亚洲航空都通过单纯模仿取得了成功。

瑞安航空公司创建于1985年，总部在爱尔兰，是代表欧洲的LCC。该公司CEO迈克尔·奥利里（Michael O'Leary）先生，从1990年开始带领公司走上了低价航空路线，2009年取得了国际运送乘客量第一的辉煌成绩。他这样说道：

说起我们做过的事，也就是模仿赫布·凯莱赫（西南航空公司）取得的成功。事实上，我们是唯一一个向西南航空公司模仿后取得成功的例子，而且将其继续发展。不过，一切都是从模仿西南航空公司开始的。[5]

西南航空公司是LCC之父。[6]西南航空创立于1967年，当时的大型全服务航空公司为了提高企业的整体效率，即使在距离上绕远，也要特意在中间的机场停泊，强调换乘。在日本来说，就是从函馆到稚内[①]的途中，在东京的羽田机场换乘。

所以，西南航空公司面向"想在一个小时左右，从一个城市飞到大约650公里外的另一个城市的乘客"，推出了低价航空服务。中间没有停泊港，城市与城市直接相连，机内的服务控制在最低限度，西南航空公司主打连续运行的商业模式。

---

① 函馆和稚内都是日本北海道的城市。——编者注

深度模仿

幸运的是，因为使用小型机场的乘客较少，机场使用费较低，飞机可以正点到达。因为西南航空公司的机内服务控制在最低限度，因此缩短了从着陆到起飞的停机时间，大幅提高了飞机的使用率。并且，因为小型机场的跑道短，机型不得不统一为小型的波音737飞机，但机型的统一，却降低了飞行员的训练和机型的维护费用。

瑞安航空公司以西南航空公司为样本，精研短距离航线。机型统一为波音737-800。利用小型机场，乘客登机不使用登机桥，而是使用屋外移动式阶梯登机，由此降低了机场使用费。在服务方面，行李、优先搭乘、指定坐席、饮料全部收费。停机时间为25分钟，提高了驾驶员和乘务员的效率。

此外，瑞安航空公司的座椅取消了可以倾斜的功能，确保飞机内可以配置足够的座椅。另外，还拆除了百叶窗，坐椅椅背上也没有口袋。减轻了飞机的重量，节约了燃料费用。因为停机时间短，清扫也比较简单。最近为了继续改进，甚至在研究导入站立的席位。结果，瑞安航空公司获得了比西南航空公司还强的成本竞争力。

现在，新加坡的虎航和墨西哥的Avolar航空继承了瑞安航空公司的商业模式。瑞安航空公司成为新兴LCC的"样本"。

第5章
四种学习对象：模仿谁？怎样模仿？

单纯模仿样本的注意点

瑞安航空公司模仿西南航空公司取得成功，是因为欧洲的航线和美国类似。因为欧盟区域内，航空市场统一，国际线路飞行时，不必与其他公司和联盟联系，而是城市与城市直接联系。如果和其他联盟联系，为了坐席管理，必须导入电脑预约系统，就无法实现现在的低运费了。

并且，因为欧洲政治经济权力分散，小型机场众多，这也是一个优势。通过互相竞争，瑞安航空公司可以从机场得到更有利的条件。另外，因为是小型机场，所以更便于按本公司的行程起航，可以提高飞机的使用率。

欧洲的互联网基础环境也和北美相似。比如，互联网普及率虽然美国较高，为78%，但欧洲的平均值也达到了58%。与亚洲的23%比较，欧洲的基础环境接近美国。[7]因此，瑞安航空公司和西南航空公司一样，可以通过本公司的网站直接销售机票。

这种单纯模仿开始实行时，基础共通性起着决定性的重要作用。[8]基础相近，可以在自己的世界内引发革新，但是若基础相距甚远，则会令其难以转移。

反面教材

　　大家自然会这么想，好的学习对象应该成为样本。不过，实际上不光是好的学习对象，我们还应该从"坏的学习对象"那里学习到一些东西。人们常说："看别人的行为，改正自己的行为。"在商业的世界也是一样，正如贤者向愚者学习一般，反面教材也是优秀的模范（不过是反面的模范）。

　　"反面教材"是毛泽东在演说时使用过的词汇。毛泽东认为有人犯错误的话，不是视而不见，而是要把他当成坏样本，吸取教训。因为这样可以防止自己像反面教材那样，犯类似的错误。[9]

　　下面要介绍的从反面教材学习的典型例子，就是格莱珉银行。格莱珉银行颠覆了已有的银行系统，创造了划时代的金融系统。[10]

格莱珉银行

　　格莱珉银行（Grameen Bank）是1983年在孟加拉成立的银行，名称源于代表村落的gram。格莱珉银行金融系统的特征是，对以往不列入融资对象的贫困阶层，无担保少量融资。基本上是需要金钱的5位女性为1组，互相扶助。利用这个结构，90%以上的人都能还款，颠覆了不能为贫困阶层提供融资的业

第5章
四种学习对象：模仿谁？怎样模仿？

界常识。

创建这家银行的穆罕默德·尤努斯（Muhammad Yunus），在美国念书，回国后在吉大港大学担任教授，后来创建了格莱珉银行。在大学附近的村落里，遇到了正在制作竹椅子的女性，使他产生了创建银行的想法。那位女性每天从早到晚都在制作椅子，但是赚来的钱只能偿还高利贷，椅子全部卖光后，她手里也只能剩2%。

尤努斯大吃一惊，立即调查了村子里其他的人，结果发现43户村民都是如此。这些人向放高利贷者借的钱只有27美元。正因为有了这27美元，他们的劳动才能获得报酬。尤努斯借给了这42户村民27美元，让他们在获利后再还款。托这27美元的福，村子里的女人们得到了幸福。尤努斯切身感受到，如果不能扩大融资制度，就无法拯救全国的贫民。

因此，尤努斯首先和相熟的银行进行交涉，但是这些银行却不肯融资。因为这些银行认为，即使只给不识字的人少量融资，也无法收回成本，而且原本他们就没有担保，根本就不能融资。尤努斯认为那些在贫困生活中挣扎的人，如果继续这样重复借高利贷，就永远不能提高生活水平，他们摆脱困境正是最好的保证。可是，从银行角度看，尤努斯不过是理想主义者，根本不肯借款给那些贫困的人。

深度模仿

既然现有的银行系统无法改变,尤努斯决定自己给这些人担保。尤努斯在银行的复杂手续书上签字,从银行借出了315美元。并且,尤努斯在1977年,雇用了两位女性,开始了融资业务。

当然,尤努斯没有足够的开办银行的经验。因此,尤努斯想到的是,以传统的银行系统为反面教材:

虽说是穷人的银行,但是我们最初也不知道该如何经营。因此,我们是从学习开始。1977年1月,刚刚开始创业时,我调查研究了其他人是如何运营融资企业的,从他们的失败中学习。[11]

现有的银行融资系统失败的原因之一,是一次贷出相应的资金,也要一次性偿还。借款的金额大,需要偿还的利息也高。因为必须偿还的金额很高,借款人不得不不断拖延还款。最后,甚至会因为不舍得还款,而放弃了还款。

格莱珉银行以此为反面教材,让借款人分次还款,每次只偿还少量金额的资金。让借款人不产生还款的抵触感,适应金融行业的规则。

具体来说,格莱珉银行贷款的期限为1年(利率20%),借款人每周偿还定额的贷款。借款人连续还款3个月的话,剩余的还款额就只剩下总额的四分之三,借款人也会建立起还款的自

第 5 章
四种学习对象：模仿谁？怎样模仿？

信。连续还款半年的话，则只会剩下一半，借款人也会产生还款的喜悦感。

格莱珉银行的贷款对象是女性。在孟加拉，女性的社会地位低到日本人难以想象的地步，甚至有些女性都接触不到钱。丈夫说三次"离婚"，便可以和妻子离婚，妻子被丈夫抛弃后，便失去了生活的支柱，陷入悲惨的境地。

尤努斯想让这样的女性自立，经过反复失败后，尤努斯发现了一个好办法，那就是让女性们组成团体，互相帮助，互相扶持。

成立只有女性的团体有几个原因。男女混合的话，男性的意见会压倒女性。并且，把钱借给男性，他们会把钱用于赌博等事。反而是那些如果不能得到下一笔融资，就无法维持生计的女性，会拼命地努力还款。特别是那些正在养育孩子的女性，这种意识更为强烈。

出于这些考虑，尤努斯向那些处于生死边缘的母亲伸出了援助之手，格莱珉银行赢得了信赖。这些女性们虽然不是亲人，但是有相同的目的，组成了团队。

团队的成员没有连带保证的义务，即使是团队中有人无法还款，其他的成员也不受牵连。不过，某一成员没有按期还款的话，同一团队的其他成员则无法继续贷款。因此，团队中的

深度模仿

成员为了不给同伴添麻烦,都拼命地努力,团队接纳成员时,也会进行仔细的审核,确认该女性能够还款。并且,为了避免无法还款,团队的成员还交纳少量资金,成立紧急资金。

表5-2 格莱珉银行的反向模仿

- 传统的银行服务对象是有钱人,格莱珉银行的服务对象则是穷人。
- 传统的银行喜欢高额贷款,格莱珉银行则少量贷款。
- 传统的银行只在城市开展业务,格莱珉银行则在农村开展业务。
- 传统的银行需要担保,格莱珉银行则不需要担保。
- 传统的银行以男性为服务对象,格莱珉银行则以女性为服务对象。
- 传统的银行等着顾客到来,格莱珉银行则上门拜访顾客。
- 传统的银行调查顾客过去的经历,对格莱珉银行来说,有威胁的仅仅是顾客的未来。

资料来源:穆罕默德・尤努斯:《格莱珉银行的轨迹与奇迹》,载《一桥商务评论》,2009,57(1)。

团队不仅仅在还款方面有优势。孟加拉的女性从一出生,就与家庭经济无缘,其中还有人不敢接触金钱。实际上,她们即使能贷款,也非常不安,甚至在最后一秒还在犹豫自己是否该从银行贷款。不过,团队的成员们可以鼓励她,帮助她消除这方面的不安。

在被询问为什么会想到这个办法时,尤努斯回答道:"我们经常看到普通银行的做法,我想全部反过来做一下看看。"他还

第 5 章
四种学习对象：模仿谁？怎样模仿？

特别强调："实际上格莱珉银行也真的是这么做了。"[12]

反面教材样本的注意点

完全反向模仿其他行业的公司，很有可能模仿成和本行业毫无关系的公司。因此，反向模仿的原则是，向同行业的其他公司模仿才有意义。

并且，反向模仿样本的显著特征是，虽然可以模仿出有特征的东西，但如果反向模仿理念不明确的企业，也只会得到暧昧的成果。格莱珉银行正因为以传统的银行为反面教材，才引发了化不合常理为常理的革新。

当然，不是谁都能当反面教材。

尤努斯受益于自己不精通银行业务。因为不要担保，而且以贫困层为对象，进行少量贷款，是普通的银行工作者无法想象的事。

并且，贫困的人们互相帮助这一点非常重要。尤努斯从贫困层的角度出发，彻底理解他们会怎样行动，想要得到什么，然后找到了相应的解决办法。因此，尤努斯捕捉到了传统银行结构中，不能满足贫困层需要的失败，并且从这个失败中学习。

尤努斯的功绩是，"从社会底层努力创造社会经济发展"，获得了 2006 年的诺贝尔和平奖。而且，他创立的少量融资金融系统也被全世界60多个国家模仿，形成了模仿的连锁效应。

横向发展

人们常说"当局者迷"，公司内确实会有好的学习对象。创造新产业表现活跃的公司里，前辈们成为模仿的样本，后辈们模仿前辈不断前进。这种从公司内寻找模范教材的形式，就是横向发展。它是以公司内其他部门，或者海外的分公司为样本，创立其他产业的方法。某事业部开发新业务取得成功后，其他人以此为样本，引发"继续他们的辉煌""不能输给他们"的连锁反应的方法。

这种横向发展，并非仅仅是片面的发展。集团企业中，总公司和地区分公司之间，虽然最初是把本国的企业结构向海外据点横向发展，但是地区分公司倾注力量，不久就会引发该地区特有的革新。之后，那些革新又会在本公司和其他地域的分公司间反向横向发展。

强生公司

下面介绍通过横向发展在隐形眼镜行业引发革新的强生公司（Johnson & Johnson）。[13] 强生创立于1986年，创立时便关注肉眼看不到的细菌，是开发医疗用品的先驱。

第 5 章

四种学习对象：模仿谁？怎样模仿？

因为原本就是靠医疗用消耗品发迹，一次性是这个行业的基础。也就是说，通过一次性使用杀菌消毒产品，实现更高的安全性。为了避免感染，一次性使用医疗用品是这个行业的基本原则，也取得了实际的效果。

强生认为医疗行业的基本原则同样适用于隐形眼镜行业，因此对其进行横向发展。强生没有拘泥于隐形眼镜行业以往的常识，而是通过新想法创建了产业。

强生公司开发了一次性使用的隐形眼镜安视优。[14]

一次性使用的眼镜与传统隐形眼镜的不同点是基本理念。传统理念认为高品质的镜片在定期清洗和正确使用的前提下，可以使用2～3年。因此，如何提高镜片的耐久性、如何使镜面平滑、如何才能既有效又不费工夫地安全清洗等是传统理念技术上的课题。也就是通过材料改良提高耐久性，在制造方法上下工夫提高加工精度，还必须有降低成本的意识。

而一次性使用的镜片则可以排除加工精度和耐久性方面的技术。比如软镜片如果过薄则容易破损，但因为是一次性使用，则可以放心大胆地降低镜片的厚度。并且，镜片不用清洗，只要经常替换新镜片，就可以保证眼睛的健康。

作为使用者，因为一次性隐形眼镜比普通隐形眼镜更干净更安全，更容易感受到一次性隐形眼镜保护眼睛这一优点。并且，万一丢失了，身上携带有备用品，使用者也不用担心。虽然软镜片在取出时经常容易破损，但使用硬镜片则消除了镜片破损的风险。另外，如果镜片和眼睛不合适，使用一次性隐形眼镜也可以降低费用。在维护方面，一次性隐形眼镜也不需要清洗和保存。

使用日抛型安视优一年大约要花费5万到6万日元，虽然这并不便宜，但却因为产品的魅力，广受用户的支持。

创新的制造方法

因为一次性隐形眼镜如此有魅力，所以也许大家会认为先动手的厂商早日开发才好。国外的博士伦和视康，日本的美尼康和实瞳都是隐形眼镜业的先发厂商，占领了很大的市场份额，也都拥有强大的开发力。但是，为什么已有的厂商会被后来的厂商超越呢？

其实这并非单纯是想法转变的问题。原本强生就是因为制造方法的革新，才能将一次性隐形眼镜实用化。

为了制造一次性隐形眼镜，通过大批量生产降低成本不可或缺。为了降低成本大量生产，加工精度粗化，只能以微米为单位进行加工。这对于追求高品质、高耐久性的隐形眼镜厂商来说，是毫无意义的技术。

第5章
四种学习对象：模仿谁？怎样模仿？

不过，强生一开始就关注面向大量生产的模制法。1984年，强生得知丹麦公司开发了新的制造技术，第二天便赶赴当地签约得到了这项技术，这直接关系到强生的隐形眼镜产业。

由此诞生的是稳定柔软模制法。这个制作方法的特点是为了防止膨胀，把材料泡在水里进行加工。

强生利用这个制作方法，大幅降低了成本。1991年日本开始销售安视优时，一枚普通的软镜片价格为1.5万日元。而与之相对，可以连续使用一周的安视优的价格却仅仅是650日元。如果没有如此巨大的价格差，一次性隐形眼镜也没有可开拓的市场。

热衷于传统观念的厂商，即使发现了这项技术，也不会想到活用这项技术的方法吧。因为在材料浸水状态下成型虽然是划时代的加工技术，但对于追求亚微米单位精度的厂商来说，只能加工微米单位精度的制造方法没有丝毫意义。反之，即使这些厂商想到了一次性隐形眼镜，但因为它会威胁到企业现有的产业，也许会敬而远之。

在这点上，原本就是医疗器具生产厂商的强生则精通一次性使用制品的商业模式。一次性使用的商品有独特的妙处，顾客使用一次后，觉得使用感觉不错的话，会反复使用。顾客购买有习惯性和持续性，因此即使是缩短产品的寿命，只要保持和顾客的关系，也能继续获得利益。正因为如此，强生通过大量生产降低成本，推出一次性隐形眼镜。

一次性的样本，做法与传统厂商完全相反。可是，对强生来说，一次性使用在公司内非常普通，也许已经成为自然了。强生的隐形眼镜虽然上市晚，但因为强生出身于不同的行业，理念与支配业界的传统观念不同，通过自由的构思取得了成功。

横向发展样本的注意事项

如上所示，公司内部的模仿有很多优点。其一是脉络类似，对公司来说关联产业较多。为此，可以多少活用一些技术和秘诀。

对强生来说，如何才能维持企业运营的业务非常重要。业务与企业地位紧密相关，可以自然产生商机。而且，因为一次性使用的商业模式，和传统隐形眼镜厂商的业务完全不同，所以强生在隐形眼镜行业内引发了革新。作为来自其他行业的强生，虽然只是把对自己来说很正常的事带入隐形眼镜行业，但是这却等于是向遥远的世界模仿。由此，引发了巨大的革新。

从公司内模仿的另一个优点是，容易得到信息。即使发现了有效的样本，在向其他公司模仿时，有时会很难得到关键的信息。或者即使得到了信息，也已经晚了。虽然加强业务联系，或者从样本企业挖走人才，可以得到这些关键的信息，但是却需要巨额的费用。

第5章
四种学习对象：模仿谁？怎样模仿？

不过，在公司内部就有模仿样本的话，则不需要那些担心了。即使部门间互相竞争，或者是反目成仇，只要有必需的手续，就能得到全部需要的信息。

当然，公司内部模仿也不是万事顺利，因为以公司内部为模仿对象，有自己特有的难点。

其一是人与人之间的感情。各部门间互相竞争，相同职位的领导、海外关联公司高层之间，有过多的竞争意识，这种情况并不少见。虽然如果能"不能输给谁谁谁，继续超过他们"，这样积极地展开，则没有问题。但是，领导有时会做出"就不想模仿谁谁谁""某部门跟咱们情况不一样，没法参考"的错误判断。

即使是听到公司内部的事和以前的成功故事，公司内也有"才不能模仿呢"想法的人。特别是在高层人士互相竞争时，更会有这种倾向。虽然前辈的成功故事容易被人接受，但是如果是竞争关系，则很难被人接受。

缓和这种心理对抗的一个方法是，与公司内部认可的"样本"挂上关系，并进行抽象化。实际上就是，"即使是以公司内部的部门为样本，也对大家说是从丰田汽车提取的样本"。

或者是敢于隐藏的方法。故意隐藏成功的事例，制造信息阻碍，让那些想模仿的人主动出击。

自我否定

　　有时，自己也会成为反面教材，自身则很难冷静地看出这一点。不过，如果能客观地看待自己，便可以冷静地分析自己。通过分析自己的极限，可以让自己成为反面教材。

　　这就是自我否定的模式。自我否定是感受到已有事业的界限，用与以往截然相反的观点描绘出参照样本的方法。

　　原本否定本公司的产业，就是在现有的企业结构出现缺陷时进行的。这种缺陷很多是因为市场环境、竞争环境、技术环境变化而出现的。越是提高现有结构的完善程度和成熟程度，越是拔高过去的成绩，认识到缺陷的时间就越晚。

　　尽管如此，因为拥有足够的行业知识，对本公司的产业有充分的认识，能大胆地进行自我否定的话，就能描绘出有效的样本。

　　美国职业棒球大联盟的奥克兰运动家队，就是通过自我否定，创立了全新的球队运营结构。

奥克兰运动家队

　　奥克兰运动家队是以加利福尼亚州奥克兰为大本营的著名

第 5 章
四种学习对象：模仿谁？怎样模仿？

球队。它创建于1893年，虽然1968年才把大本营搬到奥克兰，但在那之后，却取得了世界职业棒球大赛三连冠（1972—1974年）、美国联赛三连冠（1988—1990年，其中1989年还是世界职业棒球大赛冠军）的傲人战绩。

不过，一直为球队提供大量资金的球队所有者1995年转为投资其他领域后，球队的状况完全变了。美国职业棒球大联盟在1976年通过导入自由球员制度，选手的年薪大幅升高，运动家队也为了筹集资金费尽了力气。90年代后期，球队的战绩逐渐下滑。

选手的年薪对应球队的成绩提高。资金不富裕的球队无法继续雇用一流的选手。最后，奥克兰运动家队不得不放走一流的选手。结果，自身越来越弱，对手越来越强。

球队变弱，来看球的观众人数自然也会减少。电视转播权以及系列商品的销售收入也会减少。[15] 球队的财务状况恶化，也越来越无法得到选手加入。

运动家队不是纽约扬基队那样有钱的球队。因此，必须尽快摆脱这种恶性循环。

使球队摆脱这种恶性循环状况的是出任总经理的比利·比恩（Billy Beane）。他的改革用一句话来说，就是摆脱"越没钱越穷"的现状。也就是，研究"没钱也能取胜的方法"，并且把这个方法投入使用。如果能少花钱取胜,便会开辟出通往分区优胜、联盟优胜的道路,收入也会增加。

实际上,比恩的改革为了取得一场胜利,把费用降到了50万美元(2000—2001年)。[16]效率差的球队则需要花费其6倍的资金,也就是300万美元。

他是怎样降低成本取得胜利的呢?

首先,重新认识选手的评价标准,发掘那些以往被过低评价的选手。以往是用速度、肩力、防御力、打击力和长打力这5个能力评价选手,而比恩却不认为这5个指标就是绝对的。

因为他自己也是符合5项指标的选手,高中毕业后被球探发掘,但是却没能在大联盟有所表现。作为前大联盟选手,比恩对符合5项指标没用深有体会。

原本比恩想去斯坦福大学读书,但因为高额的违约金,他最终放弃了升学。对此事,比恩后悔不已。比恩发自内心地感受到,因为错误的指标被开发出来,不但对球队来说是一个不幸,对其本人来说也是不幸。

此时,依靠经验和感觉的球探在大联盟球队很有发言权。还有很多"看看面相,不但能知道他的性格,还能知道他作为球员的素质"的球探。即使是高中生,或者是投球姿势有问题的选手,只要觉得他的未来光明,就积极地推荐他加入职业棒球。

第 5 章
四种学习对象：模仿谁？怎样模仿？

与之相对，比恩从统计数据中，特别选择了有助于得分的指标。统计是过去的数据，因为参加比赛较少的高中生选手可信度低，所以比恩更重视参加比赛数量多、对战经验丰富的大学生选手。

他进一步从中分析出，出垒率正是产生得分的最重要指标之一。出垒率也许会让人联想到击球率，但两者却有很大的区别。传统的棒球观念认为四次坏球100%是投手的责任，和出垒击球者无关。不过,比恩认为击球员控制好球区就可以控制出垒。归根结底，比恩认为击球员的眼力才是得分的关键。

在未来性方面，比恩也不会过高地评价球员。原本高中毕业后加入职业棒球的投手，从二流职业棒球队升入大联盟的比例，不到大学毕业加入职业棒球队选手的一半。高中毕业的选手与大学毕业的选手相比，内外野手不足大学毕业选手的四分之一，高中毕业投手的风险也很高。

在姿势方面，比恩也认为"不能因选手改变姿势"。而且不是"只希望是标准的姿势"，重视数据中显示的实际成绩。

即使伤病或者高龄的选手，或者外表不出色的选手，只要有数据支持，比恩便会毫不犹豫地把他引入球队。比恩低价获得了这些谁都不重视的"怪人"，弥补了资金不足的缺陷，提高了球队的成绩。

在球探老手眼里，奥克兰运动家队尽是"太矮了""太瘦了""太胖了""速度太慢"的选手。尽管如此，这些选手却表现活跃，奥克兰运动家队成绩不断提高。选手们的评价提高后，比恩把这些选手高价卖给其他球队，用获得的资金继续强化奥克兰运动家队。

自我否定样本的注意点

比恩重视过去统计数据的思想，继承了球队前任总经理桑迪·奥尔德森（Sandy Alderson）的思想。奥尔德森是一位律师，也没有当过球探。虽然他在棒球方面是外行，但是他的好奇心旺盛，以科学的手法引入了棒球数据分析法。[17]

虽然奥尔德森拥有优秀的头脑，但是他却不是大联盟内部人士。因此，即使他想改变以往的选手评价方法和比赛的方法，也没人听他的。大联盟的队伍是神圣的场所，即使是总经理，没有大联盟经验的话，也不能插嘴大联盟的管理。

因为是外来者，所以能看出当局者难以发现的问题，但是，却无法纠正。

而接替奥尔德森的比恩，原本就是大联盟的一员。即使就任了总经理之职，也习惯了不亚于选手们的训练，在更衣室视察，直接下达命令，是罕见的总经理。而且，比恩这位总经理和其

第 5 章
四种学习对象：模仿谁？怎样模仿？

他的棒球界相关者不同，他读过比尔·詹姆斯提倡棒球数据分析法的12本著作。

接近内部中心的人，可以意识到自己做出行动的话，便能提高自我否定的成功概率。

问题是如何才能"意识到"。当事者虽然站在自己的立场上，却大多看不到自己的问题。抛掉长年学习的知识，才能客观地观察自己。这在专业上称为"忘却学习"（Unlearning），是比从零基础学习还要难的状态。奥尔德森看到当时比恩的样子，这样说道：

> 比利把自己在选手时代学习的传统概念一点点抛弃，适应现状。有他那样的经历，反驳说"我在现役时没有那么做"也不稀奇，但是……[18]

因为比恩自身也是传统的牺牲者，所以才能这样做吧。比恩应该被灌输过错误的棒球选手成功方法。并且，因为对选手是否有成功潜质方面，比恩被人误解，所以才会否定以往的方法。

为了自我否定样本取得成功，必须要自己面对失败。即使镜子反射出自己，如果不能直视，也无法进行自我否定。

追溯过去

为了引发革新，以谁为样本模仿为好呢？

虽然基本上都认为以同时代的样本为好，但实际上从过去也能找到自己的老师。[19]与历史的重演相同，应该也有有效的例子帮助我们回归原型。

也许在遥远过去的同行业其他公司里，就有优秀的学习对象。特别是在面临几十年一次的重大危机时，参照奠定行业基础的前辈们的做法，是非常有价值的。

第6章

守破离：跨越样本与现实的鸿沟

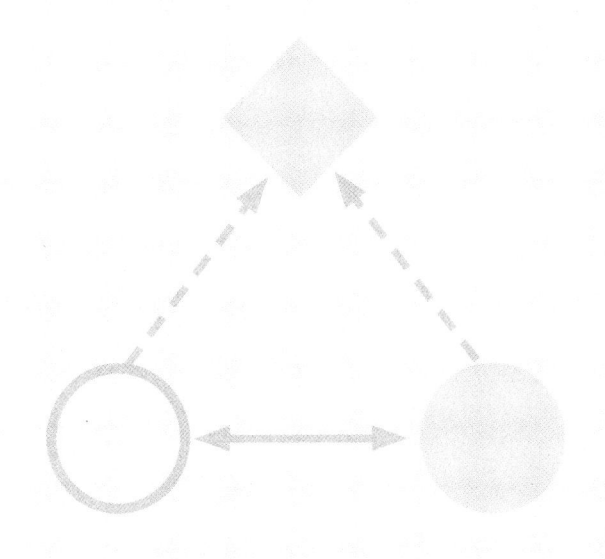

深度模仿

运气好的话，在公司内外都会发现成功案例和失败案例。这些案例便可以成为好样本或坏样本。如果你可以从以下四个事例中选择一个学习，你会选择哪个事例呢？

- 公司外的成功事例（单纯模仿）
- 公司外的失败事例（反面教材）
- 公司内的成功事例（横向发展）
- 公司内的失败事例（自我否定）

是模仿模范教材呢，还是从反面教材的事例中学习？是模仿公司内样本，还是模仿公司外样本呢？

那些成功或者失败的事例，是本公司的或是其他公司的没有什么区别。自身的经验和他人的经验，你应该学习哪个呢？[1]

替代性学习的研究

观察他人的言行举止并从中学习，在专业上叫替代性学习（Vicarious Learning），从自身的成功或失败学习叫做经验学习（Experiential Learning）。

替代性学习至少有两个优点。其一是通过替代性学习，可以降低风险。如果必须自己来承担全部的失败风险，其成本则无法估量。在商业世界里，只是一个错误便会对企业造成致命

第6章
守破离：跨越样本与现实的鸿沟

的伤害，这种例子并不罕见。越是高风险的产业，替代性学习越是有效果。

另外一个优点是，替代性学习可以缩短学习时间。利用前人们的行动和结果，可以大大缩短自身学习的时间。只要状况相似，在短时间内便能取得同样的成果，还可以把那个成果当作起点。艾萨克·牛顿有句名言："如果说我可以看得更远，那是因为我站在巨人肩上的缘故。"[2]

在商业世界里，尼特利的社长说："自成一派是不行的，因为我们的时间很少。我们应该从前辈的教训中学习。"[3]果然，擅长替代性学习的公司，也善于把握引发革新的机会。

先进的学术研究也包括替代性学习，研究者追求从哪里学习能够取得最多的成果。也就是说，关注公司外的成功、公司外的失败、公司内的成功、公司内的失败中，从哪里学习更有效果。

研究铁路运输、同行业其他公司的事故时，探索范围会扩大到以往不曾使用的方法。这就意味着即使其他公司失败，同行业的公司也能从中学习。[4]

其他的研究也说明比起成功来，从失败中可以学习的东西更多。研究人造卫星等宇宙航天事故，也是如此。这些研究学习的内容，过时的速度可以估算。从成功中虽然可以学习到一些东西，但是这些东西过时的速度很快。

那么，从自身的失败经验和他人的失败中学习，哪个效果更好呢？研究表明，航天研究即使是相同的失败，人们从自身的经验中学习效果也比他处获得的更好。[5]

这些研究都是根据样本进行推算，但在模仿的测量方式上还残留着问题。尽管结果还不稳定，但进一步研究的成果值得期待。

多样学习才是王道

"哪个学习对象更好"这一单纯的比较，其实原本就是提问方法的问题。看一下之前介绍的产业创造案例，我们会发现可以成为学习对象的样本并非只有一个。而是通过组合多个类型的样本，描绘出企业的蓝图。

比如模仿欧洲咖啡的星巴克，至少是向两个类型的教师模仿。第一个类型的学习对象是欧洲的模范教材。舒尔茨看到意大利的咖啡吧后，认为"把这些带到美国是我的使命"。另一个类型的学习对象则是本国的两个反面教材。其一是单纯烘焙咖啡豆、把咖啡当作农产品销售的小零售店星巴克。舒尔茨意识到之前的星巴克没有充分理解欧洲的咖啡文化，才引进了让顾客在店内享用咖啡的方法。另外一个反面教材就是把员工当作

第6章
守破离：跨越样本与现实的鸿沟

工具一样使用的美国式经营管理。看到父亲在职场的辛苦，舒尔茨不但重视股东，还意识到员工拼命工作但不能得到回报，并非是企业应该有的状态。

罗多伦咖啡也是一样，有两个类型的学习对象。模范教材则是法国的"站着喝咖啡"和在店里销售咖啡的德国蒂博。而成为反面教材的则是日本格调低下的咖啡店。"这样下去，日本的咖啡店真的要完蛋了。"因为鸟羽意识到这个问题，所以才参加了欧洲的考察。

大和运输也有好样本和坏样本。大和运输的模范教材是吉野家、UPS和日航团体旅行。而反面教材则是利润率低、运输大宗货物的自身。大和运输进行了自我否定。

另外，强生也有两种类型的样本。其一是作为自己本业的一次性产品，这是强生的模范教材。另一个样本则是反面教材，就是传统的隐形眼镜厂商。传统隐形眼镜厂商生产的高品质隐形眼镜，虽然确实能保护眼睛，但是却价格昂贵，保养复杂，破损的风险较高。[6]

复眼模式：模范、反面都要看

如此这般，不仅把模仿教材当作样本，还把反面教材当成样本，描绘出的蓝图也非常清楚。找到两个类型的样本，便可以拥有"就是这个"的自信。

那么，为什么需要模范教材和反面教材两个方面呢？那是因为无论是好的学习对象还是坏的学习对象，哪一方面都很难做出判断。

我们通过双眼观察，看到对象的正确形象。光是右眼或者左眼看到的影像有差别，通过大脑的处理，会产生不同的远近感。通过双眼的视力机能，左右眼视网膜上捕捉的影像经过大脑融合，才能得到一个清楚的影像。

商业模式也是如此。从一个角度出发，不如从多个角度出发，那样更容易得到立体的形象。

因为好与坏是相对的。通过这样做取得成功，那样做却是失败的比较，才能开始明确自己应该怎么做。[7]看到理想的样本后，模糊的反面教材也更为清晰，理想样本的形象也会更为鲜明。这就是星巴克、罗多伦和大和运输事例的共同点。

不能只有模范教材或是反面教材。只有两者具备，才能诞生"就是这样"的蓝图。本书把这样的模仿称为"复眼模式"。

描绘出理想的企业蓝图后，就该进入执行阶段了。不过，理想也未必肯定能实现。因为越是理想的蓝图越有革新性，和现有的商业结构或意识的矛盾越大。

那么，怎样才能化解矛盾，描绘出有效的企业蓝图呢？下

第 6 章

守破离：跨越样本与现实的鸿沟

面介绍"守破离模式"的方法。

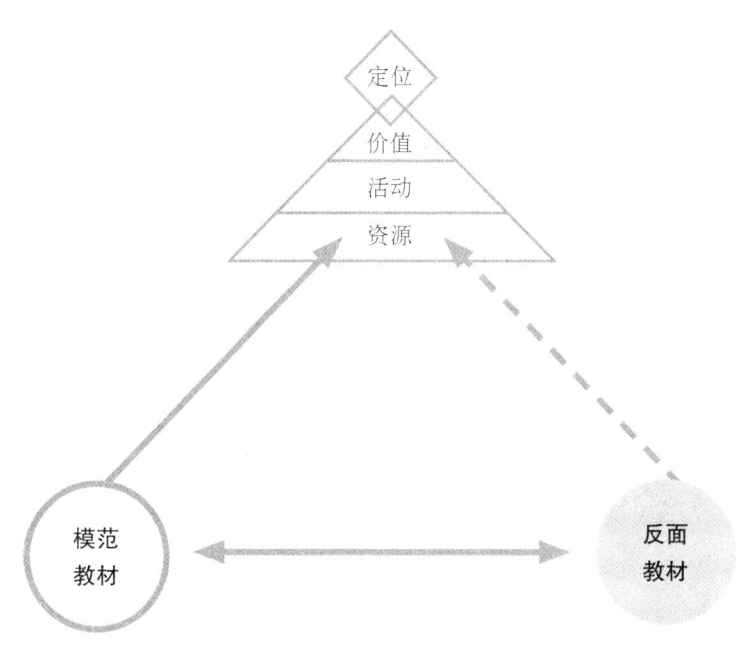

图 6-1　复眼模式

守破离模式

　　守破离模式首先是彻底地模仿，然后在彻底模仿的基础上突破从样本中学得的教诲，最后确立自己的方式。也就是说从肯定样本开始，然后通过否定样本，最终调和自身与样本的矛盾部分，描绘出理想的蓝图。

深度模仿

这种模仿的来历不用说大家也知道，就是守破离。守破离是以禅学为基础，从能乐①到茶道以及武士道的学习方法、学习思想。一般是指首先忠实于师傅的教诲（守），然后勇敢地突破师傅的教诲（破），最后取得自身的发展（离），从三个阶段达到独创的境界。借用18世纪日本精通茶道的川上不白的话说，就是"师傅全盘教诲，弟子突破教诲，两者重新合二为一"[8]。

星巴克的守破离

下面，用守破离模式分析一下第4章介绍的星巴克咖啡。舒尔茨最初想把意大利咖啡店完全引入美国。全场站着饮用咖啡、意大利语菜单、店内意大利风格装饰，而且招待也打着领结。这就是彻头彻尾的"守"。

确实，也许意大利就喜欢这样的风格。但是在美国，客人却嫌歌剧吵，想要椅子坐下休息，还需要英文菜单。舒尔茨一边注意不能过于妥协，一边立即改正了错误。通过准备外卖用的纸杯，进入了"破"的阶段。

在提供咖啡的过程中，舒尔茨意识到星巴克独特的味道，

---

① 能乐，在日语里意为有情节的艺能，是最有代表性的日本传统艺术形式之一。——编者注

第6章
守破离：跨越样本与现实的鸿沟

领悟了真正重要的是什么。那就是创建让美国人觉得舒适的场所。这就是"第三场所"的理念。

如前所示，星巴克在明确自身特征的同时，也明确了自己的经营课题。星巴克在开新店时，必须要有更宽阔的空间，并且准备更多的椅子。为了让顾客在第三场所感受到咖啡的浪漫，还必须让员工都能开心地工作。为了保持自己和顾客的关系，还应该回避加盟店。

舒尔茨说服了相关者，解决了这些问题。这样一来，星巴克就进入了"离"的阶段。

守破离与辩证法

德国哲学家黑格尔提出的辩证法与守破离的观点相似。辩证法从发展、变化、理解三个阶段成立。也就是，首先明确正确命题纲领。然后提出对立命题，抽出问题点和矛盾。最后，从更高的维度消除矛盾，统一命题。

虽然这个说明让人觉得有些复杂，但是我们可以看出辩证法与守破离的观点非常相似。[9]也许区别只是守破离诞生在日本，辩证法诞生在西洋。

不过，辩证法是已有命题的对立命题清晰可见。通过逆向行为，引发活力的侧面非常重要。比起守破离，辩证法中的反面教材更为清晰。

格莱珉银行的辩证法

格莱珉银行是辩证法式的模仿。创始人尤努斯彻底调查了传统银行的融资业务，掌握了它的界限。然后，为那些传统银行认为高风险、不提供融资的客户提供融资服务。那就是对贫困的女性无担保提供少量融资的业务。

这个业务和传统银行的服务形成了强烈的对比。在孟加拉，女性因为宗教原因，甚至不能一个人出门，也不能和丈夫之外的男人直接对话。在这样的社会里，女性也没有借钱、工作、建造自己的家等需要。即使假设孟加拉女性有这些需要，也因为没有担保人而不能贷款。因为传统银行认为她们的坏账风险很高。

不过，尤努斯却认为这种认识是错误的。确实，帮助女性进入社会也许很辛苦，但尤努斯却不认为这些女性满足现状，而是认为她们有强烈的自立需求。而且，在担保问题上，尤努斯认为越是在生死边缘的女性，越会把这当成最后一次机会，越会拼命偿还债务。这样，尤努斯向现有的方法不断提出了质疑。

但是，对不愿意还款的顾客，怎样回收资金才好呢？用以往的方法会加大员工的负担，这项业务也不可能成立。为贫困

第6章
守破离：跨越样本与现实的鸿沟

层贷款"不成立"和"业务成立"之间出现了矛盾。

因此，格莱珉银行决定让顾客逐次少量还款。欠款额确实地减少，可以为顾客带来喜悦，也会让这种商业习惯在顾客那里扎根。然后，通过组成互助团队，相互检查，相互督促。这样一来，不但使队员们有自律性，还减轻了银行员工的负担。

通过这些智慧和工作消除矛盾，达到了统一命题的境界。实际融资后格莱珉银行发现，坏账的风险比想象的还低很多。

使用P-VAR模仿

无论是通过守破离从远方带来命题，还是通过辩证法从近处反向行为，重要的都是从自己和参照样本的关系中，描绘出理想的蓝图。因为理想和现状有或大或小的相反之处，所以自然会产生某种矛盾。使矛盾清晰，从更高的维度消除矛盾，就是守破离模式。

下面详细地介绍通过守破离模式设计产业的方法。使用P-VAR，可以整理从参照样本描绘蓝图、明确由此产生的矛盾、消除矛盾等一系列工序。

守破离模式有从模范教材为起点的模仿，也有从反面教材为起点的模仿。无论是把遥远的样本看作模范，还是逆向近处样本的做法，重要的都是明确矛盾并消除矛盾。该方法由以下五个步骤构成。

步骤1 选择分析参照企业。使用P-VAR表，明确定位、对顾客的价值主张、收益活动及经营资源。

此时需要注意的是，选择什么样的公司和什么样的产业。选择暧昧的公司或者是没有成功的企业，只能得到不完善的想法。如果是模仿遥远世界的模范教材，应该选择有本质共同点的模范教材。

反之，如果模仿反面教材，平时在竞争中就要意识到这点，还应该在事先便了解它的优点和缺点等商业特性。如果想提出高尖的价值，应该在别的方面参照高尖的价值，并且将其逆转。

步骤2 用P-VAR分析企业，或是保持原状引入企业，或是将其逆转，提供价值。

如果没有顾客，企业就无法成立。一般来说，关注定位或对顾客的价值主张，从产业设计开始。我希望大家注意的是，逆向模仿某一公司，但已经有别的竞争对手逆向模仿它的状况。虽然不能一概而论，但为了避免竞争，应该寻找别的定位，那样才能期待更高的收益率。

第6章
守破离：跨越样本与现实的鸿沟

① 学习对象（模范或反面）分析
P-VAR 分析

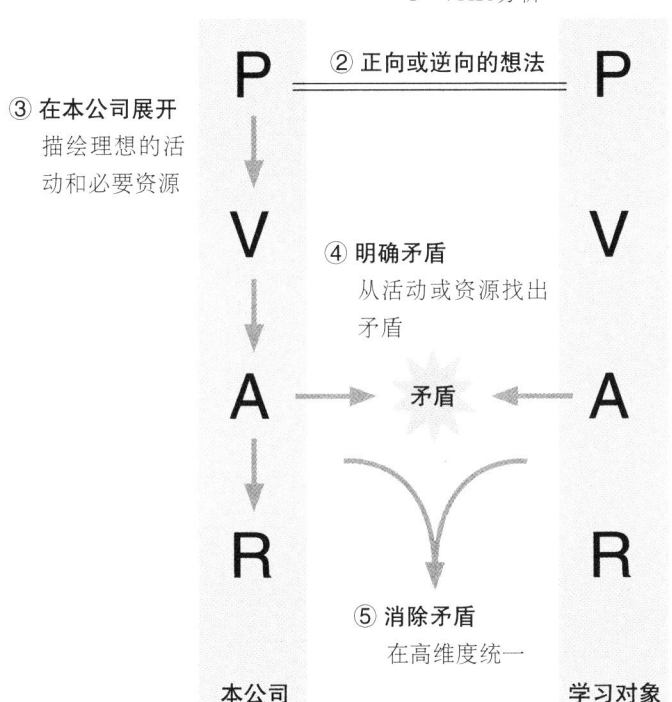

③ 在本公司展开
描绘理想的活动和必要资源

② 正向或逆向的想法

④ 明确矛盾
从活动或资源找出矛盾

矛盾

⑤ 消除矛盾
在高维度统一

本公司　　　　　　　　学习对象

图6-2 从模范或者反面教材中学习的守破离模式

步骤3 原封不动的模仿或逆向模仿都要与要素保持一致，进行产业设计。此时重要的是不受实现可能性的束缚，勇敢地描绘理想的蓝图。实际上，有时不仅在大脑中描绘，同时进行实践会得到更明确的设计。

步骤4 对比理想的产业设计和本公司现状，明确矛盾。为了实现理想的企业，必须跨越一系列的障碍。明确阻碍实现理想的瓶颈，更便于研究对策。

步骤5 明确瓶颈或发展地消除矛盾。这个阶段最重要的是不轻易放弃。在这里，理应追求或大或小的革新。

以上五个步骤如图6-2所示。这个顺序以守破离模式、乃至辩证法模式为基础。也就是说，成为已有的样本企业结构为命题（守、命题），与之逆向的想法为反命题（破、对立命题），消除二者间矛盾的统一命题（离、统一命题）的知识创造方法。

第 7 章

圈套：似乎可以模仿却无法模仿的企业

深度模仿

在世界上，还有"似乎可以模仿却无法模仿"的企业。有意思的是，越是乍一看很容易模仿的企业，模仿起来越难，越容易受伤。

这是因为过高评价自己，认为模仿起来很简单。尽管模仿是智慧的创造性行为，但是在模仿前没有深入观察，轻易出手。虽然初期投资较少的话，还不至于成为致命伤，但却会在不知不觉间成为重伤，直到酿成无可挽回的损失。这也是自己给自己下的"模仿陷阱"。

本章研究分析似乎可以模仿但却无法模仿的结构。

独一无二的KUMON

作为似乎可以模仿但却无法模仿的企业，公文教育研究会（以下简称为KUMON）引起了大家的注意。[1]

KUMON是1958年成立的教育企业单位。按照个人的能力对人才施教，开发教材并开办教室教学。到2011年3月，KUMON在日本国内大约有1.68万个加盟教室，有148万名学生。[2]并且在海外的46个国家和地区[3]有8100个教室，有293万名学生，销售额中海外比例达到35%。KUMON保持持续成长，在行业中与众不同。

如果说KUMON与众不同，或许有些语病，原本在教育业

第7章
圈套：似乎可以模仿却无法模仿的企业

保持成长必须做相应的努力。即使是看到国内没有成长的希望，因此去海外发展，国家教育制度和考试制度的区别也会成为影响企业发展的问题。尽管有如此之多的困难，但KUMON依然在10年中保持着稳定的业绩，最近的利润率达到了9.4%。

乍一看KUMON，会认为模仿它的结构很简单。标准化教材，算术、数学的教材等于是没有著作权。四则运算等，都有无数相似的东西。大家都会觉得，只要把教材搜集起来，做出类似的教材，适当地招募到教师，找到教室，就能和KUMON一样了吧。

可是，这样的模仿者对KUMON来说，却似乎没有任何威胁。即使是模仿，没有一定的规模，便无法成长。这些模仿者会陷入或是不知道何时便会消失，或是勉强维持的状态。

KUMON创始人公文公的家在大阪府丰中市，现在是对外开放的纪念馆。我在参观那里时，听到了一件很有意思的事儿。好像过去有好几个从KUMON分出去的团体。这些团体或是KUMON的员工，或是在KUMON学习的外部人士，他们创立了相同的企业。其中，还有来自外国，然后回到本国开展类似业务的人。

当时，公文公好像也没有否定过他们，还说过："我希望不光是我们按个人差别、按能力对学生施教，希望能有第二个、第三个企业能这么做。"公文先生坚信，按个人差别、能力差别因材施教的方法应该在世界上广为流传。日本无论是过去还是现在，都把轻视学习能力差别的"按学年一起授课"的教育类型，看作是理所应当的事。但是，公文先生却认为这种教育有自己的缺陷。

可是，从结果上看，连那些深知KUMON内部情况的原KUMON员工，创立的企业都无法顺利持续下去。

那么，为什么KUMON无法被模仿呢？这里我们仔细研究一下KUMON集团在日本国内的企业结构吧。

自学自习与定制学习——对顾客的价值主张

KUMON不进行全体授课，也不按学年和等级分课程。教室里到处都是一个个学生默默地拿着教材学习的场景。教室里虽然有名为"老师"的指导者，但指导者的工作只是为每位学生选好适合他的教材，把教材交给学生，为学生判分，在必要时对学生提出一些建议。仅此而已。KUMON的教室实现了"定制学习"与"自学自习"。

自学自习的意思如字面所示，就是自己学习，绝对不是教与学。虽然大家都会认为自学是很自然的事，但是为了让学生自学，教材既不能太难，也不能太容易。如果没有一点儿负担，

第7章
圈套：似乎可以模仿却无法模仿的企业

学生不会集中精力学习。因此，KUMON把学生细分为各个小阶段，针对各个阶段开发了不同的教材。

一般KUMON教室里使用的教材有算术数学、国语、英语三类。比如算术数学教材，分为28个阶段（2011年）。各阶段的教材都有200页，KUMON在各阶段差距的细微方面下足了工夫。

细化各个阶段，提供适应各个阶段的教材，可以把难度和学习量都正好适合学生的教材交给学生。因此，学生可以进行适合自己目前水平的"自学自习"。

KUMON以这些教材为基础，在全国各地开办了加盟店。应该注意的是，那些成为指导者的人才。指导者的任务是把正好适合学生的教材交给学生，给学生判分，并给学生适当的建议，没必要拘泥于指导者是否是教师。公文先生寻找那些已养育孩子的女性担任指导者。因为这些人才都是社会中的潜在资源，所以不需要支付很高的人工费用。

不过，虽然是低成本的人才，但是女性指导者却有自己独特的强项。作为母亲，有养育孩子经验的母亲们，擅长和孩子打交道，不但是出于经济方面的原因，还发自内心地想让孩子们发挥出自己的潜力。[4]

深度模仿

活用独特教材的指导——舞台背后的活动

看看KUMON的教材，我们会发现算术数学等教材和普通的练习册一样，列满了各种问题。因为只是刊登公式，所以没有对知识产权侵权。

因此，无论是国外还是国内，制作相同教材的模仿者前仆后继。因为他们认为，能制作相同的教材，就能开始相同的事业了。

不过，单纯的模仿却无法顺利进行下去。因为没有一定的规模，连收回印刷费用都很难。因为规模难以扩大，便不得不迎合监护人的需求，修改教材，结果却更难以持续下去了。因为KUMON的教材是创业以来，基于不可动摇的理念，参考全国（包括海外）学生的学习情况、指导者的建议、指导数据、全国自主研究会（会在后面详细叙述）的先进事例，开发制作的教材，贸然修改不能提高效果。

实际上，即使是标准化的教材，使用方法不够完善的话，也无法促进学生的自学自习。比如说，监护人希望孩子能从高水平开始，出发点较高。这对孩子来说，就不是正合适了，这样的孩子大多都无法顺利学习下去。

KUMON根据孩子的答题时间和答题情况，判断出教材是

第 7 章

圈套：似乎可以模仿却无法模仿的企业

否符合孩子现在的能力和学习水平，决定是否让孩子进入下一阶段。解题用的时间过多，答题情况不佳时，则不得不继续复习。最差的情况是，孩子长期使用一个阶段的教材。

如果指导者看到这样的情况，忍不住教导孩子的话，情况会进一步恶化。KUMON的学习，是从超越学年界限发挥出孩子的真正价值。可是，如果孩子是经过别人的教导才达到目前的水平，即使是超过了自己的学年水平，也不是自己学习的能力。如果一直教导下去，对孩子来说，学习也变成了辛苦的事，更无法掌握"自学自习"的能力。

万一这种情况逐步升级，KUMON教室则会和其他学校同质化。原本KUMON与一般的学校定位不同，通过不同的活动和资源，为顾客提供"自学自习"这种独特的价值。教材的使用方法错误，便会陷入教孩子学的陷阱中，无法培养孩子自学自习的能力。

KUMON的网络——深层资源

如果对全部教材没有深刻的理解，便无法指导学生自学自习。不过，深刻理解全部教材是一件很难的事。

KUMON为了让指导者们理解全部的教材，提高他们的指导能力，在各地设立了自主研究会。自主研究会就是为了提高

深度模仿

KUMON指导的水平,追求KUMON指导的可能性,从指导者们主动设定课题,通过得到大家认可出发的研究组织。

某自主研究会为了强化二学年、三学年的学习内容,研究指导方法;另一自主研究会研究面向残疾人的指导方法。其中,还有超越国界的国际性自主研究会,还有在教室外广泛展开研讨活动的非营利组织法人化自主研究会。虽然自主研究会有各种各样的研究课题,但基本上都是研究公文式教材的可能性和指导方法。

比如,石川县名为"学习中"的自主研究会,在"向学生学习"的理念下,加深了对教材和指导方法的理解。从各个教室选择样本学生,详细掌握那位学生的学习方法和进度,与其他教室的指导者共享信息。奇数月把各教室的核心指导者十余人召集到一起,从早上到傍晚一直进行对样本学生的讨论。然后,在偶数月召开全体大会,把奇数月研究的成果和更多的指导者共享。

笔者也曾在奇数月旁听了自主研究会的会议,会场气氛热烈得让人惊讶。开发算术教材的专业公司员工也参加了会议,回答完每位指导者的问题后,用幻灯机播放。全部的指导者都理解了教材的特性,互相帮助,提出建议。指导者们从自己丰富的经验中提出当事人没有意识到的问题,对教材指导的理解

第7章
圈套：似乎可以模仿却无法模仿的企业

越来越深入。通过这个制度，石川县的指导水平又提高了一步。

这样的指导者网络扩展到各个地域。KUMON每年都召开一次指导者研究大会，在全国范围公布自主研究会的研究成果。"学习中"上报了"通过金泽学习中活动，改变了67名指导者的意识！全部都是从孩子那里学到的！"其他地区的指导者提问时，指导者们都积极地进行解释说明。距离遥远的地区开展同样的活动，自主研究会的活动遍及全日本。

共通语言教材和低调的总部

为什么KUMON能有如此发达的网络呢？

KUMON的教材是一个原因。KUMON的教材并非仅仅是单纯的标准化教材，而是全部指导者的共通语言，是交流的基础。教材标准化后，指导者们可以互相交换教材的使用方法、孩子们的信息。实际上，一位指导者只是说了一句："那个孩子使用D教材106有些困难。"便会在一瞬间得到答复："三位数除以两位数的心算比较难。"正因为教材标准化，指导者们在一起交流时，才能瞬间理解问题，并且提出解决问题的建议。这不仅限于日本，教材是全世界指导者的共通语言。

另外一个原因是管理的方法。很多的连锁企业，总部统一管理加盟店，但在性质上KUMON却有些不同。当然，总部构筑了指导者们的网络，通过网络使指导者们可以自我管理。自主研究会和研究大会都是其中的一环。正因为不是从外部单方面地统一管理，而是间接管理，指导者们才能既遵循KUMON的规定，又能纯粹地追求对孩子们进行良好的指导。[5]

重要的是，总部像黑衣人一样低调。总部从不张扬，绝对不在台前露面。即使是取得了成果，总部也不会说这是自己的功绩。总部由始至终彻底地在内部支持着舞台上的指导者。

独特的地位

KUMON在日本教育业中，有独特的地位。那是因为，KUMON提供的价值并不是为了考试的学习。不是像学习塾或升学塾那样，从"教"产生价值，而是通过让学生自己"意识到"，提高学生的能力。

当然，在日本教育产业，应对考试的需求很强，也是重要的市场。KUMON的教材因为不面向考试，即使小学的低学年学生在KUMON学习，在考试前也有不少学生换地方学习。

不过，那些停止在KUMON学习的学生中，还有一部分在初中以后又重新返回KUMON学习。这样的学生，在KUMON培养了学习能力，去升学塾是为了学习考试的技巧。

并且，公文的教材活用在各个方面，包括对残疾儿童的教育、

第7章
圈套：似乎可以模仿却无法模仿的企业

抑制认知障碍和治疗、少年教养所的教育支持等。[6]

从国际角度看，KUMON也有独特的地位。因为KUMON的教材是独有的教材，所以不受行政教育大纲（在日本就是文部科学省）和课程的过度束缚。并且，KUMON的教材也不对应国家或地区考试制度和考试方法，只是单纯地提高学生各阶段学习能力的教材。为此，KUMON可以对应国家和地区的需要，灵活地使用教材，可以超越世界各地的界限，产生价值。

如果KUMON的教材不是"自学自习"，而是最适合日本的考试，那又会怎样呢？若成为最适合于特定国家的教育大纲和教育课程，KUMON就无法有现在这样的发展吧？

当然，语言教育必须和地域一致。不过，KUMON的语言教材的基础还是培养学生自学自习的能力，因此依然可以灵活运用。

在绝妙的时机，KUMON把最合适的学习教材教给学生的秘诀中，埋藏着人脉和网络。各个指导者心中有教材的使用方法，这些方法构成了KUMON的网络。正因为如此，KUMON的优势就是系统地培养学生。竞争对手无法轻易模仿KUMON的原因就在这里。

以上KUMON的P-VAR分析，如表7-1所示。

深度模仿

表7-1 公文教育研究会的P-VAR分析

		日本公文教育研究会
定位	顾客	从幼儿到高年级学生，小学生的比例较高
	竞争	无（不同领域的升学塾）
价值	价值主张	通过最适合的学习实现"自学自习"
活动	成长引擎	教材的开发制作（自主研究会、指导者研究大会）
	收益引擎	因人而异的指导和因能力而异的指导
		科目总量的增加（延长持续时间，增加新会员）
资源	经营资源	标准化、细分化的教材（完成了共通语言的任务）
		指导者的网络与总部的支持体制

为何无法单纯地模仿？

在这里，再次整理一下为什么KUMON难以模仿吧。KUMON难以模仿的重点有两个。一是让学生自学自习。坚持这个理念很难，指导者无论如何都会想教学生。深知KUMON历史的员工这样说过：

KUMON的指导者为了让学生订正和修改进行检查，检查学生的答案是否正确，有必要的话还会提出一些建议和提示。习惯了以后，学生自己也可以做。当然，自己发现自己的错误需要更高的能力。KUMON不教学生，而是让他们自己产生意识。在

第7章
圈套：似乎可以模仿却无法模仿的企业

没办法的时候虽然KUMON的指导者也会给学生提示，但极力教导是不行的。[7]

在学生自己明白之前，教会学生是白费力气。

KUMON的指导者给学生提示的方法也很独特。公文式的指导理念是，"提出的建议要在10秒之内"。对那些说"不懂"，向指导者寻求建议的孩子们，指导者也仅仅是说，"请看一下A教材的某条"。孩子立即看教材，然后意识到，"啊，原来是这样"。虽然KUMON只是这样督促孩子自学自习，但是却很难模仿。

另一个重点是做的事与学校不同。坚守这个原则很难。监护人们会提出各种建议和要求："从考试成绩看，我家的孩子计算题没问题，但是文字题和图形题却不行。希望能在教材上增加一些文字题和图形题。"

其实，文字题与其说是算术数学的问题，不如说是读解能力的问题。或者说，孩子在考试时把前半部分的时间用于计算题，没有足够的时间给文字题和图形题。

可是，若KUMON的模仿者们却满足了顾客的这种需要。这样一来，教材就和一般的习题集没有什么差别，不再是可以让孩子自学自习的教材了。这样便开始了失败的循环。文字题和图形题如果不教孩子，孩子就不能继续前进。如果教孩子，孩子就无法自主地产生意识，无法掌握自学自习的习惯。

模仿者确实是深刻地理解了KUMON的结构，然后再进行模仿开展相同的业务吗？

KUMON的结构乍一看，初期投入资本少，看起来很容易模仿。

可是，KUMON的优势并非标准化教材本身。而是用"为了孩子"的口号激励指导者，指导者们共创指导孩子必要的知识，再用优秀的教材回报指导者。以教材为共通语言，不断改善指导的交流和网络，组成了KUMON的企业结构。因为拥有这个结构，KUMON无论在日本还是在世界上的其他地区，才能占据独特的地位。

仔细调查后，我们会发现，模仿KUMON做相同的事，其实是极难之事。肤浅的模仿只会得到让自己受重伤的企业结构。

难以模仿的企业结构也是从模仿开始

KUMON其实也有自己的模仿样本。无法模仿的KUMON结构，如果是从模仿而生，我们也能从中学到很多东西。下面我们追溯一下历史，调查一下KUMON的模仿样本吧。[8]

KUMON的模仿样本是什么？那就是创始人公文公上过的学校。

第7章
圈套：似乎可以模仿却无法模仿的企业

公文公初次自学自习，是在小学4年级的时候。当时公文先生在当地的下知小学上学，班主任告诉孩子们，"算术自己先学多少都行。你们自己先学后面的知识，有不懂的地方我再一个人一个人地教你们"。

公文先生非常喜欢这种指导方法，可惜因为没有检验自学结果的方法，开始不久后，学校就中止了这个方法。

不过，幸运的是，他在上中学时，又得到了日后成为自己模仿样本的教育机会。那就是他上学的土佐中学。

土佐中学是当地名士在1920年出资建立的私立学校，公文先生在这里上学时，土佐中学是只有120人左右的小型中学。土佐中学实行精英教育，不配合成绩差的孩子跟上进度。土佐中学对学生并非统一指导，而是尽量教给学生基础，然后让学生自学。

熟知公文先生成长经历的村田一夫，对当时的情况作了如下描述：

公文先生当时的数学老师是大野仓之介，他在课上几乎没有讲义。最初只是教给学生们基础，然后就是把习题集发给学生，让学生们解答。学生们有不懂的地方，便去讲台前问老师。明白了以后，再回到自己的坐位上，继续自习。大野老师的课在当时与众不同。[9]

原本很多孩子就不喜欢被人强行灌输什么，这种指导法很适合这些孩子。之后，公文先生从大阪大学毕业，当上了数学老师，公文先生积累了教师的经验，并越发感受到了自学自习的有效性。

公文先生最初任教的是当地的海南中学，在这里，公文先生立即开始了自学自习的实践。具体就是把参考书发给学生，然后让学生们"自己看书，如果都懂就继续往后看，有不懂的地方就来问我"。虽然这对中学教师来说，是不合常规的做法，但公文先生自己在土佐中学学习时，就是这种方法。公文先生回到母校土佐中学任教后，继续研究自学自习的个人指导。

世间几乎所有的教学都是集体授课，集体授课或是被老师教，或是被强行灌输，无法让学生用自己的能力进步。

（摘自KUMON内部资料《山彦142》）

公文先生觉得按学年不同进行集体授课，文部科学省（当时）提倡的指导方法有不足之处。公文先生以此作为反面教材，描绘出了按个人差别、能力差别进行指导的企业蓝图。

可是，自学自习的指导方法容易招人误解。推行这种指导

第 7 章
圈套：似乎可以模仿却无法模仿的企业

方法必须得到周围的理解。正好在当时，文部科学省推行教室里指导标准化，在教室里很难推行自由地自学自习。

因此，公文先生为了实践自己理想的教育，把学生们叫到了自己家里。公文先生家两层一共有4个房间，他拿出其中2个房间让学生们学习，还模仿绪方洪庵①的适塾，让前辈指导晚辈。这在学生中大受好评，放学后，土佐中学大约有70名学生去公文先生家学习。之后，养育过孩子的某女性在自家开办教室，原型其实就是公文先生的这个家庭教室。

教材的诞生

那么，KUMON的教材又是怎样诞生的呢？公文先生的长子公文毅小学2年级时，一次考试失败促成了KUMON的教材。父亲公文公首先是自己制作了儿子能做的习题集，然后让孩子解答。

制作教材的重点是，"学生不知道学习内容，是不行的，但是如果学生过于清楚学习内容，也是不行的。教材必须通过适当的难度，为学生带来适度的紧张感"。虽然公文先生最初制作

---

① 绪方洪庵（1810—1863），因在日本锁国时代将西方的医学知识引入日本和开办适塾而著名，这所私塾门下人才辈出，后来在1938年发展成大阪大学。——编者注

的教材不过是活页纸装订的手抄教材,但其中却包含着公文先生学生时代在土佐中学学习的经验,以及公文先生当教师时的经验。

KUMON的教材之后交给了那些养育过孩子的女性指导者。女性指导者们指导周围的孩子,提高了KUMON的声望,把自己家用来做教室的同伴越来越多。KUMON把有志于帮助孩子成长的人召集到了一起。

并且,当时还是没有连锁店这一词汇和概念的时代。在那样的时代里,公文先生用自己上过的学校为样本,创建了革新的企业结构,为KUMON现在的国际化奠定了基础。

第8章

反向：逆向思维的模仿

深度模仿

为了回避与对手的竞争,企业取得独特的地位从而分占市场是竞争的基础。某个企业和其他企业差异化定位并非偶然。因为这样才能独占一定市场,获得较高利益。

新入行的企业定位与已有企业的定位完全相反时,对原本就有的企业来说,模仿困难很多。因为运作完全不同,容易和企业现在处理的业务产生矛盾。

企业为了回应眼前顾客的需求,不断提高企业的工作水平,创建产业结构。一旦创建了最适合顾客的业务结构,便很难变革。特别是这个业务曾经取得巨大的成功,通过自我否定的革新更是难上加难。[1]

这样一来,新进入某个市场时,企业最好定位在和现有的企业完全相反。实际上行业发展的历史中,也有很多某一新市场诞生后,向相反、再相反的方向展开,这样的行业发展的例子很多。

其中一个原因是因为,以往没有得到满足的价值,以满足的形式诞生的商业模式。另外一个原因是以现有的价值为前提,接触到别的需要,诞生了新的价值主张。

如果或大或小地符合这个理论,历史反复重演的话,模仿以这个理论为前提的业务为好。这就是逆向思维的模仿。可以通过与现有同行公司相反的行为,引发革新。[2]

第8章
反向：逆向思维的模仿

戏剧性的再逆转

比如，手表的行业历史。在这个行业，曾经是正确把握时间的瑞士机械表的天下。但是，日本厂商通过石英技术彻底改变了局面。

由此遭受毁灭性打击的瑞士手表厂商，不得不进行一些应对。一部分厂商与日本厂商同质化，推行石英技术。不过，聪明的瑞士厂商却逆向思维，打出了时尚性和品牌。"准确性"在世上泛滥时，作为装饰品，机械表的优美无与伦比。结果，其产品又重新占领了市场。

而推行石英表的厂商，之后则陷入价格竞争，失去了竞争力。那些意识到自己的品牌，把手表作为时尚商品销售的厂商则取得巨大的成功，重新占据了产业的主动地位。

大型摩托车行业也是一样。美国曾经认为摩托车是身穿黑色夹克的男人们的坐骑，充满了男人味和违法的价值观。模仿西部电影的嬉皮士电影《逍遥骑士》中，骑着大型哈雷戴维森摩托车横穿美国大陆的骑手们有很高的人气。

而在日本，摩托车则是平民的双脚，是生活中不可缺少的东西。因此，本田推出了可以穿越城市的小型摩托车。这在大海对面的美国，则是逆向的思维。

深度模仿

当然，本田自己也意识到这点，认为如果不能大胆地进行市场营销，就无法开拓美国的市场。于是，本田在高雅的杂志《生活》(Life)上刊登摩托车广告，在大学颁奖仪式中插播商业广告。在当时，这些都是摩托车厂商不可能做的事。就这样，摩托车在美国大众中普及了起来。

可是，通过小型摩托车的普及，哈雷戴维森又从逆向的思维中引发了革新。摩托车不仅仅是卖给顾客的"物"，而是为顾客提供哈雷式的生活。市场营销从"物"转换为"事"。在美国，甚至还有哈雷摩托车爱好者组成车队，最大限度地发挥顾客的价值诉求。

这样在某一新市场诞生后，向相反、再相反的方向展开的业界发展的例子并不罕见。

当然，并不是全部地逆反都是好的。通过继承前一代商业方式的某部分，对重要部分进行逆转，构筑了下一代的全新业务结构。

革新的典型案例任天堂，也是通过这种部分逆转的模仿，开始了家用游戏产业。[3]

任天堂的部分逆转模仿

日本最初登场的家用游戏机是1983年发售的任天堂FC游

第 8 章

反向：逆向思维的模仿

戏机。任天堂的 FC 得到用户支持的理由有两个。一是硬件和软件分离，一台主机可以玩无数个游戏。二是把原来在游戏厅才能玩的游戏，移植到家用游戏机。

原本，任天堂 FC 游戏机不过是模仿美国的雅达利（Atari）。雅达利 2600 在 1977 年上市，软件和主机分离，从街机上移植了"宇宙入侵者"等游戏，提高了销售额。

雅达利的厉害之处是主机对游戏软件厂商开放，软件厂商可以自由地在主机上开发游戏。因此，多种多样的游戏软件投入市场，雅达利的用户也不断增加。可是，这个开放政策过于极端。因为厂商可以非常自由地制作游戏，雅达利无法管理软件的品质，甚至连无法使用的次品也进入了市场。

玩家买入游戏软件，不玩就不知道游戏软件的价值。如果买回来觉得没意思，玩家会很失望，如果买到的是无法使用的次品，那玩家再也不会买了。劣质的软件进入市场，不但会进入二手市场引起价格崩溃，还会导致新的软件滞销。雅达利也在 1982 年圣诞商战之后，终于大幅降价、无法维持了。

任天堂不但向雅达利的优点学习，还从雅达利的失败中学习。在游戏厅人气软件移植这点上，任天堂老实地模仿了雅达利。另一方面，为了保持软件的品质，任天堂的软件开发体制逆转为封闭式。

深度模仿

虽然任天堂FC游戏机在首发的第一年1983年只有9款游戏，而且这9款游戏都是任天堂自己开发的游戏。其中包括从街机游戏中移植的"大金刚"和之后成为顶梁柱的"马里奥兄弟"。任天堂认为，正因为刚刚进入家用游戏机市场，必须做到让玩家买到有意思的游戏，"一发必中"。

当然，任天堂的游戏软件也不是全部由自己开发。如果勉强自己出了没有意思的游戏，那便是本末倒置。

因此，从第二年1984年开始，任天堂的软件逐渐开放，外部开发的软件逐渐增加。而且，软件的数量也并非一口气大幅增加。而是对那些有开发能力的厂商逐渐开放。软件的内容要经过任天堂审查，外部游戏厂商开发的软件数量也有1～5个的数量限制。任天堂与雅达利形成鲜明的对比，贯彻着少数精锐的政策。

可是无论软件怎样执行少数精锐政策，供应过量都会引起价格大幅跌落。因为游戏卡带的生产需要2～3个月的时间，所以软件厂商大多会生产很多游戏卡带，导致在圣诞、新年商战后还有大量库存。

因此，任天堂为了避免过量供应，软件的生产由其自身负责。任天堂自己生产游戏软件的话，不会让不合格品上市。生产量也在事先和游戏开发厂商协商，任天堂控制上市的游戏卡带数

第8章
反向：逆向思维的模仿

量。并且，因为卡带积压的风险由游戏开发厂商承担，因此游戏开发厂商也不会过量订货。

这就是任天堂的逆向模仿。FC游戏机取得了前所未有的成功，不仅是日本，全世界都由此诞生了新的行业。

任天堂在游戏产业的生成期，巧妙地学习了替代性知识。把有效的借鉴之处和引发问题之处明确区分，并且对引发问题的部分逆向处理。特别是从雅达利的失败中，学习了很多知识。这就是部分逆向模仿。

俗语说，"从失败中可以学习的东西更多"。重点是我们可以从别人的失败中学到，不经历失败就不可能学到知识。逆向思维模仿的本质是从失败的事例中替代性学习。善于替代性学习的话，可以把竞争对手的失败经验积蓄为自己的知识，引发革新。

施乐的模仿

在复印机行业，也能看到这样的逆向戏剧性反复，说复印机行业持续着逆向模仿的连锁效应也不为过。[4]

20世纪50年代后期，重氮（湿式）复印机是办公的主流复印机。复印机的价格虽然便宜，但彩色复印的速度很慢。因此施乐复印机为了提高复印速度，开发了染色涂料在纸张上电子排列的硒鼓复印技术。

不过，使用这个技术，制造成本大幅提高。复印机的价格达到了原来的6倍，因此，在此时并不能使用以往复印机的盈利方法。[5]以往的复印机跟安全剃刀一样，除了主机获得利润外，消耗品也能取得收益。如果主机价格高，无法普及，也无法使用这个方法获得利润。

有高科技公司认为，硒鼓复印并不能成为产业。但是，施乐的研发人员们却没有放弃。施乐坚信用户必然需要高品质的复印，并且以政府和大企业为目标，把复印机租赁给它们。

租赁费用控制在每个月95美元，每月复印超过2000张，每张加收4美分。就这样，划时代的收益模式诞生了。

可是，这却是没有大量的用户，就无法盈利的收益系统。

当时复印机还没有像现在这样普及，使用方法也不明确。因此，施乐不但以复印机本身盈利为前提，还以提高服务和供应的利润为前提，编制了直销团队和服务组织，开拓市场需要。进而，为了向顾客提供周到的服务，还设立了全美国服务网络。

这是施乐通过逆向思维获取成功的故事。这个产业设计，在日后回顾时，我们很容易接受，但是在当时，施乐背负的风险却极大。顾客不大量复印，就无法盈利。正因为施乐复印机坚信提高复印品质，便可以增加利用量，慎重地设计产业，才

第8章
反向：逆向思维的模仿

能开发出市场。

之后，施乐的形势一片大好，几乎占领了面向政府和大企业的全部市场。也就是说，成功地提高了销售额，占据了利润率高的市场。

佳能的模仿

挑战这种一家独大状况的是佳能公司。佳能的思维与施乐相反，以中小企业和个人为复印机的销售对象。[6]这种商业模式在常识中很难成立，因为在常识中，那是没有"甜头"的市场。事实上，以中小企业和个人为目标用户，必须降低复印机的价格。而且，如果不提高复印机的耐久性，也无法得到个人用户。佳能制定了提高品质、降低成本的目标。佳能为开发团队制定了面向未来，对应彩色化、轻量化、小型化的开发方向。

可是，如果广铺服务网，对应全部的个人用户，公司就必须花费巨大的投资。人们都认为这很难实现。

佳能的技术员们认真地调查了一番。结果显示，复印故障几乎都是集中在磁鼓周围部分。技术员们再三研究，终于找到了绝妙的解决方法。决定把使用中最重要的感光磁鼓周围部分进行一次性使用。

这就是暗盒技术。为了让一般用户也能自己维护，佳能把

深度模仿

显像器、带电器、感光磁鼓和消耗品调色剂以及清洗容器集中在一个暗盒里，用户可以自己替换。在磁鼓周围受损前，便会使用光调色剂，佳能公司的设计理念是用户的复印机在出现故障前，便更换了暗盒。

当然，即使有了设计理念，如果不能低成本地生产，便没有意义。开发小组的领导拿起了罐装啤酒的空罐子问道："这个罐子的制造成本是多少？"佳能从铝制易拉罐得到了启示，磁鼓也是使用相同的铝材料制造。

通过这种产品和生产工序的革新，佳能把售后维护控制在了最小限度，开发出了公司可以放手不管售后的"迷你复印／家庭复印"。佳能不用培养服务人员，也不用设置办事处。并且，复印机已经广为普及，没有必要设置咨询处，也无需拘泥于直销。售后服务也是一样，佳能把销售和售后服务都委托给代理店，控制住了渠道方面的投资。

迷你复印的厉害之处并非仅仅停留在产品层面的革新。在复印机产业，还诞生了没有暗盒技术，就无法实现的销售与服务结构。从这个意义上，可以说产品层面的革新提高到了产业结构层面的革新。

之后，佳能活用暗盒技术，攻占了中速机和高速机的部分市场。佳能通过模数设计控制零件数量，更换零件非常容易。

第8章
反向：逆向思维的模仿

为了用更少的服务点，实现更简单的维护服务，佳能还建立了有效的服务网。

以下为活用P-VAR架构，分析施乐和佳能。

表8-1 复印机业的逆向P-VAR分析

		施 乐	佳 能
定位	顾客	大企业、政府	个人、中小企业
	竞争	湿式、重氮式复印机	施乐
价值	价值主张	高品质、低租赁费	低价格的复印机
活动	成长引擎	自己开发硒鼓复印技术 建立销售网、服务网	自己开发暗盒 流通、服务委托给其他公司
	收益引擎	以租赁为中心的直接销售 ·从复印机获取的利润小 ·从消耗品获取的利益大	以销售为中心的代理店方式 ·安全剃刀型 ·从复印机和暗盒获取利润
资源	经营资源	最初的干式复印技术	暗盒技术

第9章

做法：模仿的方法

深度模仿

本书到此为止，介绍了从模仿而诞生的各种革新。虽然创造性的模仿听起来有些陈腐，不过，卓越的经营者几乎都有自己的模仿样本。在本章，把模仿的顺序体系化。

综合之前的讨论，模仿的顺序可以整理为以下三个重点。[1]

- 目的是什么
- 模仿什么
- 什么时候、从谁那里、如何模仿

这三个要点紧密相连。决定了目的，便决定了应该模仿什么，也决定了什么时候、向谁模仿。

模仿的目的是什么

企业进行模仿的目的大致可以分为两个，一个是为了应对竞争的模仿，另一个是为了引发革新的模仿。

这两个目的有时难以区分。确实，有些企业像前一章说的施乐、佳能那样，在应对竞争中引发了革新。反之，也有些企业像KUMON那样，引发了革新，结果又占据了竞争优势地位。尽管如此，二者也是性质不同，需要区分对待。

第 9 章
做法：模仿的方法

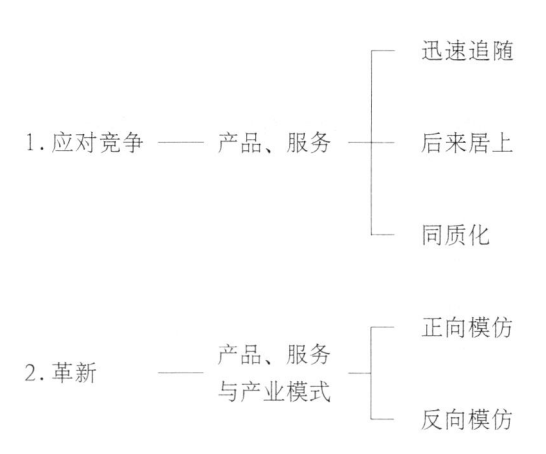

```
                              ┌── 迅速追随
1. 应对竞争 ── 产品、服务 ──┼── 后来居上
                              └── 同质化

                   产品、服务  ┌── 正向模仿
2. 革新    ──    与产业模式 ──┤
                               └── 反向模仿
```

图 9-1　配合模仿目的的模仿战略

应对竞争的模仿

以竞争为目的的模仿，是受到竞争对手行动的刺激，通过应对刺激的行动，有动机地模仿。这是为了不被其他公司拉开距离的模仿，或者是为了追赶对手的模仿，自身与目前的竞争对手的关系，是最重要的问题。也就是说，在与其他公司的竞争中诞生的模仿。

为了应对眼前的竞争，对竞争对手的行为必须迅速地恰当应对。因为没有足够的时间，所以无法根本地改变产业结构。因此，模仿的对象也停留在产品层面。当然，服务业为了提供服务，必须迈出结构改进的第一步，但因为时间问题，根本无法进入结构的深层部分。因此,企业要在可能维持现有资源和结构的范围内,应对竞争。

这种模仿是单纯的模仿。原则上应该参照的对象是同行业内成功的企业,原样照搬模仿它的行动。[2]也就是说,老实地模仿模范教材。即使是从失败中学习,从逆向思维开始变革,引发革新的例子也不罕见。

本书的重点虽然是结构层面的革新,但是为了让读者分清两者的区别,在这里简单地说明一下竞争目的。

应对竞争有各种各样的战略,大致可以分为三种战略类型。各个战略类型在何时、向谁模仿各不相同。

迅速追随

首先,请大家联想一下以进攻的姿态模仿竞争对手。为了取得胜利,虽然必须追击先行的竞争对手,但是,最适合模仿的时机是什么时候呢?

如果以迅速成为行业二把手(Fast Second)[3]为目的,那应该在其他公司取得成功后,立即模仿吧。模仿的时机基本上是越快越好。因为如果能在竞争对手开拓出市场的同时便追随竞争对手,就能够占领很大的市场份额。难点是有时必须在竞争对手取得成功前模仿,否则就来不及了。

第9章
做法：模仿的方法

调查结果表明迅速成为二把手，在控制技术开发和市场开拓的同时，销售额也能达到先驱者的70%。[4]对第三个以后的模仿者修筑阻碍他们进入市场的壁垒，取得竞争优势地位也不是梦想。因此，必须领先其他新进入市场的人，在先驱者独占市场利益前，进入市场。

为此必须进行周到的信息收集分析，具备实现模仿的反向设计能力。根据不同情况，必须做好随时可以模仿的准备。

后来居上

不过，应对竞争也并非只能靠速度取胜。即使是以同样的攻击姿态应对竞争，有时沉着应对也较为稳妥。特别是有经营资源，可以在之后补救的情况。

后来者居上是故意延迟进入市场追赶先驱者的战略。如果有高品质、优秀的设计、品牌力、销售渠道等经营资源，即使是后来者也能做出与先行者相同水平甚至以上的表现。模仿对象已经取得成功的同行业其他公司，重点是确认模仿对象的成功或失败，谋求反击。

比如软饮料行业中日本可口可乐的战略，就是后来者居上的典型。通过创建业界第一的自动贩卖机网络，罐装咖啡、运动饮料以及矿泉水，虽然后进入市场，但都能得到很高的市场占有率。

这种后发制人的战略，在其他行业里也可以看到。松下在全日本建立了业界第一的系列专卖店，即使松下是第二个制造同种产品的，成本和先驱者相同的话，也一样能后来居上。

电脑和IT服务行业也开展着相同的竞争。[5]微软的Windows这一基本操作系统为事实上的标准。然后，微软以此为平台，开发的文字处理器、电子表格、信息分析报告、网络浏览器等技术应用软件都是后来者居上。

这种掌握着关键经营资源的企业，后进入市场可以回避产品开发和开拓市场的风险，同样取得成功。它们不用率先杀入市场，在市场成长期适时地进入市场便足够了。因此，这些企业可以确认其他公司的成功与否，减少不确定因素。

同质化

也有以防御的姿态应对竞争的例子。那是在对手还没有占据优势地位时，进行"为了避免失败"的模仿。[6]

比如，竞争对手开发了似乎可以热销的新型产品或服务。在很多行业里，各公司都是采取"总之咱们也推出类似的产品吧"的应对手段。

这就是和对手一致。和对手一致是以避免降低相对地位为

第9章
做法：模仿的方法

目的的行为，模仿的对象是同行业的其他公司。与之前的两种模仿不同之处是，即使没有取得成功，也能和竞争对手或者是领军企业同质化。极端地说，就是基于"无论成功还是失败，都不能让对手拉开差距"的思想。企业极端厌恶被对手拉开差距，因此为了避免这种风险，进行同质化行动。

与对手一致，在产品和服务的层面很常见，在海外战略判断中也会出现。比如，和自己实力相当的竞争对手要争夺北美市场。如果，竞争对手先在美国建立了生产据点，你的公司会怎么办呢？

一般来说，公司几乎不可能预测对手是否能够成功，但等到结果出来则为时已晚。

此时，公司都会做出简单的判断，就是与对手一致。成功与否另当别论，总之目前要追随竞争对手。无论是和先行的竞争对手一起失败，还是只有自己失败，也比竞争对手遥遥领先自己强得多。

与对手一致，比起应对竞争来，确保自己的正当性更为重要。[7] 其典型就是企业的社会贡献。如果不和竞争对手保持一致，就无法向外界展示，因此必须模仿对手。创业的理念中，虽然大多都是认真工作的理念，但只是作出这种姿态的企业也不少。

无论是企业管理还是人事制度，制度的导入中多少有些是为了企业形象。[8]在这种与对手一致时，模仿时机的重要性大幅降低。模仿对象也多为业界的领军企业。

为了革新的模仿

在有意识地模仿上，另外一个重要的目的就是革新。以革新为目的的模仿，模仿范围大多不局限于产品和服务。虽然人们常说"新瓶装新酒"，但如果要生产出真正的创新产品，那么必须有最大限度发挥其效果的产业结构。因此，"新瓶"也就是产业结构，才是应该模仿的对象。[9]

不过，模仿结构的难度很大。因此，为了能模仿结构，使其成为自己的东西，必须做好相应的准备。

为了革新的模仿，前一章的说明中，我们仅仅是大致了解应该模仿谁、怎样模仿。基本上或是从遥远世界选择好样本，或是从身边的世界寻找反面教材进行模仿。

不过，即使是正确地选择了样本，如果不了解模仿方法中的关键部分，反而会招来混乱。应该铭记在心的要点只有三个：

1. 看透大潮流，选择对象（行业）
2. 进入对手的世界，掌握应该模仿的部分（对象）
3. 积累经验,时刻有意识地模仿,看到部分便可了解整体(自己)

第9章
做法：模仿的方法

把握潮流

第一个要点是通过把握潮流，学会观察业界。观察者从自己所处环境的大局角度出发，理解自己所处的环境，看穿大潮流。因此，有必要选择参照对象。创造性地模仿时，即使是其他行业的模仿对象，和本公司相同的脉络部分也值得参考。另一方面，逆向思维模仿时，逆向的方向和本公司前进的方向是否一致至关重要。理解行业内的大潮流，逆向模仿之后，必须朝着正确的方向前进。

某服饰公司，在探索商业模式时，有某种历史观。[10]那就是认为业界的主导权从上游的纺织厂商到中游的制造批发再到下游的零售，逐渐接近消费者。这个服饰公司原本是制造批发厂商，因为这个历史观，认为下一个模仿，有必要像零售业那样准确把握市场信息。因此，该公司以7-11等先进的零售业为参照样本，创建了从制造到零售的SPA型产业结构。[11]

某人才派遣公司，为了让人才在未来的公司表现活跃，创建了人才派遣公司。公司成立时，在行业漫长的历史中，应该把人才像人一样对待，还是像工具一样对待两种观点对立。公司的创始人认为两种观点会根据时代左右摇摆，至少在未来的10年，多数公司的观念会转移为把人才当作工具一般对待，然后通过与业界常识逆向的思维，描绘出了公司的企业蓝图。

为了看穿下一时代的状况，必须看清潮流的方向，确认价值主张的内容是否与潮流流向一致。

倾听内心的声音

第二个要点是倾听内心的声音。这是关系到与参照对象联系方法的要点，是在哪个层面模仿、怎样模仿才有意义的问题。

据说在艺术的世界里，平凡的艺术家模仿其他作品的表面，卓越的艺术家会进入作品，从内部"盗走"作品。为了能够达到这个水平，必须进入模仿对象，在模仿对象内部"扎根"。[12]

这是因为，产业的创造和变革至关重要。在投资的基础上，背负失败会有动摇产业基础的风险。即使只是取得一定的成果，改变了产业结构，工作的方法也会从根本上改变。

因此，不能仅仅因为"看起来挺有意思"便去模仿。从模仿引发革新的经营者们，全都深信着什么，或者是只有自己意识到了什么。

为了能够产生这种意识，他们绝对不会去做仅仅停留在表面的模仿。而是深刻地理解模仿对象，由内而外地模仿。

我们在模仿时，也不能只是在形式上、表面上进行猴子学样的模仿。即使是逆向模仿，也并非只是停留在表面，有创意就行。

第9章
做法：模仿的方法

举一反三的灵感

第三个要点是自己时刻意识到问题。这是自己掌握参照样本的经验。积累经验，时刻意识到自己的局限非常重要。

首先，如果时刻意识到自己的产业，即使在日常生活中，也能发现意外的模范样本。我们经常听说，负责新产品开发的人，把亲人购物时买到的商品，或者是在看戏时看到的东西跟自己公司的产品结合到一起。虽然我们会赞叹那些从不着边的东西中得到灵感的人："关注的地方就是不一样啊"，但本人一直有这种意识，这自然是理所应当的结果。

如果能充分理解自己的事业，观察模范样本的一部分，也能感受到样本产业结构的整体。虽然第二个要点是不深入研究模仿对象就无法把模仿的东西转化为自己的东西，但实际上，为了能深入研究模仿对象，自身进行实践的领域也非常重要。

有自己的领域，进行相同的事业时，可以切身感到自己能做到的事、难以做到的事和无法做到的事。大和运输的小仓昌男，在纽约的十字路口注意到停着4量UPS的车辆，便确信以输送密度为基础的个人快递业务是可能的。铃木敏文在美国考察时，也看到7-11的照片，便意识到拯救地区零售小店的业态正是这个。

无论是大和运输还是7-11，都是对样本的某一部分模仿，也就是看到样本的一部分，便联想到样本的整体，进行模仿。因为某些机缘巧合，看到其他公司结构的一部分时，眼前便能浮现出该公司的整体结构，这就是"灵感"。这并不是机械地逆向或者组合。而是以往的经验在深层次模式化，成为自己的血肉，才能完成自己能完成的事业。

相信模仿的力量

假设朋友跟你商量："想创业，创立新的产业"，或者是"想在公司内创造新产业"，你会怎样回答他呢？即使那位朋友非常有能力，但如果没人支持，他也会放弃吧？也许你会回答："如果不是很有能力或者是运气好，恐怕都很难成功吧。"

当然，这是为了朋友好的建议，但是这个答案的前提是创造是从无到有，创造出从来没有的东西这种固有的观念吧？

然而，创造并非是从0到1。即使不是全新的商业模式，也能创立产业。这样想的话，只有天才才能创业才是神话。你建议朋友："发现完全符合的样本，完美地模仿不是很重要吗？"这样回答朋友才更好吧？

确实，即使是模仿，如果搞错了模仿对象，或者是不能抓住对象的精髓，都会导致失败。并且，有时如果不把模仿对象的产业结构一个一个要素还原，捕捉其中的原理，就无法构筑

第9章
做法：模仿的方法

起自己的结构。显然，并非任何人都能把要素还原。

可是，这里夸张点儿说，创造的基础就是模仿，即使不是天才也一样能创业。此时决定性的重要因素是，寻找好样本。如果能发现好的样本，成功的概率也能随之提高。[13]

乐观地想，自己应该参照的对象必然存在，只要能找到完全一致的模仿样本，就能模仿出整体的系统。优衣库的创始人曾经说过：

虽然人们说优衣库是全新的成功样本，但是我的想法却并非是全新的东西。其实，早在20世纪80年代，美国的Limited Brands（LTD）和GAP、英国的NEXT，就以新的形态在服装业崛起，看到它们，很多人都想在日本模仿它们。可是，只有我们能够实现，那是因为"执行力"的差异。[14]

当然，完全模仿不一定都行得通。可是，即使是那样，只要能发现好样本，就能大致从出发点描绘出模仿的商业模式。如果能从1到2的肯定，或者是从-1到1的逆向模仿，还原一个个要素组合样本也不费力气，可以描绘出有效的蓝图。

对商业模式的模仿不是单纯地停留在模仿阶段，和竞争战略理论中的模仿战略也不一样，而是以样本为基础的学习战略，为了创造而模仿。

结　语

不要让管理书成为消费品

深度模仿

商务世界也正在"少子高龄化"[①]。

这并非就业者的平均年龄上升。这里所说的少子高龄化是，没有诞生新企业，很多企业都已经老化。中小企业的统计数据表明，进入衰退阶段的企业正在不断地从世界上消失。在日本，1990年以后，企业关闭率一直超过新企业的开业率，经济的少子高龄化无法控制。

并非只有小企业存在这种高龄化问题。大企业诞生新事业的速度也大幅降低。正确地说，就是没有出现推翻业界常识的商业模式。在20世纪80年代，虽然日本的企业以破坏性的革新让欧美企业饱受其苦，但90年代以后，日本便没有再出现这样的革新，反而被亚洲新兴国家的革新攻其不备。

因为再这样下去日本企业也无法维持了，所以大企业也必须开发新产品、新服务，进而创造新的商业模式。看来，日本企业革新的机会到了。不过，这并非是暂时性的热潮，这与日本国内的产业结构革新一样，都是持续革新。

可是，问到取得的成果，现状却不容乐观。

你的公司商业模式的未来没问题吗？

[①] 少子高龄化指日本的人口变化中新出生人口越来越少、老年人越来越多的趋势。——编者注

结　语
不要让管理书成为消费品

也许还能再维持10年，再往后就难说了。

我经常听到这样的声音。可是，虽然人们知道会这样，却很难大胆地说出变革，给人的感觉是无可奈何。

当然，作为公司，也希望创立新的商业模式，取得成果。可是，没有特别的刺激，每天都做着日常事务，是很难提出说服高层的改革提案的吧？即使是提出了改革，但是商业模式对本公司来说，越是新鲜越难以实现。某年轻的干部这样说过：

逃跑的一代人不愿意冒险，一个接一个地踩碎了新芽。

也许当事人并没有想扼杀新生事物，但是对新的提案，必然要求提供准确的数据。但是用在其诞生后，市场潜在规模的确切数据证明，则极为困难。

就这样，围绕着创造新事业，产生了"碰撞"。高层总是埋怨中层没有拿出实际成绩，中层则叹息高层没有给自己足够的支持，互相回避责任。

可是，就在互相推诿时，没有门户之见的新兴企业引发了产业革新，公司陷入危险的境地。中层萎靡不振，高层拒绝出众的观点。在各种各样的制约下，很难出现妙案。这样下去好吗？

作为研究商业模式的专家、研讨会讲师，10年来我一直思

深度模仿

考这个问题:怎样才能想出新办法,尝试一下呢?经过各种失败,我终于找到了一个答案。那就是革新由模仿而生的思想,就是本书提示的"模仿经营学"。

无论是哪里的公司,何种商务人士,理应都有自己理想中的公司和经营者。与商务革新和革新中心人物的成功故事相关的很多书籍,就是为了回应这种需求。

可是,即使是卓越经营者的成功故事,读完书的人也只是说一句:"值得参考",便完事了。即使在读完后多少受到了些刺激,大多也没有亲自去实践。结果,那本书并没有让读者实践。这样一来,好容易才有的成功故事,并没有成为能诞生什么的生产材料,而只不过是为人带来享受的消费材料。

这真的是太遗憾了。因为实现伟大"经营"的人,其本人著作的书籍有超过"经营学"教材的优点。在本书中登场的大野耐一先生的《丰田生产方式》、小仓昌男先生的《小仓昌男经营学》、鸟羽博道先生的《罗多伦咖啡:胜利或死亡的创业记》、霍华德·舒尔茨的《将心注入》,以及格莱珉银行创始人的《穆罕默德·尤努斯自传》等,都是让人能切身感到当时情况的图书。

即使不是本人的著作,也是经过精心地取材,描绘出现场感十足的优秀图书。列举一下本书主要的参考书籍:讲述绪方知行先生创立7-11的《7-11创业的奇迹》;现场采访公文研究会

结　语
不要让管理书成为消费品

海外产业的木下玲子所著的《私塾全球化》；以面对面采访为基础，讲叙体育管理的迈克尔·刘易斯的《点球成金》（*Moneyball*）；以博士论文调查为起因，采访了100人以上，描写西南航空公司的诞生和发展，弗赖伯格夫妇的《破天荒！》（*Nuts！Southwest Airlines'Crazy Recipe for Business and Personal Success*），等等。这些参考书籍能让读者感受到在当时的困境下，经营者是如何思考、如何判断、如何实践的。

这种现场感，是那些容易被"经营学"的学术体系吸引的经营学者们，无法营造的。这些书都是实践经营取得成功的人，或者是面向"经营"取材，并非面向"经营学"取材的人才能写出的作品。

我感到遗憾的是，这些关系到经营本质的故事，只能给人瞬间的冲击，然后便在读者心中烟消云散了。

当然，正因为是这样的故事，才能给读者带来看小说一般的享受。现实有时比小说还有戏剧性。扣人心弦的娱乐意义也应该被重视。并且，书中也有很多让经营学说教变得有趣的小故事。

确实，我认为娱乐的价值非常重要。它可以刺激头脑、扩大想象力。可是，我却不想如此简单地下结论。因为是卓越的经营，所以我认为如果以它为"样本"的话，我们理应能学到

深度模仿

更多的东西。

因为如果从一本商业书中发现自己追寻的样本，书里也会有很多学习的方法。现在与过去不一样，网络上有大量的信息。杂志报道也并非只是量大，品质也非常高。参加各种行业团体开办的讲演会、参加考察团体也可以。即使是这些简单的方法，我们也能从样本中学到很多东西。

如果在此时确实有些感触，那便可以试着与其接触。如果怎么也不能得到必需的信息，那么提议和对方业务合作又怎么样呢？或者，还可以雇用从那个企业退休的人。

因为只要真想做就会有很多很多的方法，所以我们更应该模仿那些卓越的经营。本书中介绍的丰田、7-11、罗多伦、星巴克等都用尽了手段，向其他公司学习。本书也是从这样的想法中诞生的。本书介绍了先辈们是怎样模仿取得成功的案例。我希望读者都能感受到"模仿的方法"。

致　谢

"怎样才能把包括技术在内的各种诀窍服务化、国际化呢？"

在早稻田大学进行亚洲服务商务研究的时候，笔者一直在深思这个问题。通过调查活动，笔者想从"模仿"这一当事人的角度解释商业模式的转移。

研究所所长太田正孝教授给了笔者各种各样的调查机会，还让笔者理解了知识转移中"距离"概念的重要性。宾夕法尼亚大学教授、在同一研究所兼职特邀研究员的吉提恩特拉·辛不但教给笔者印度商业模式革新的知识，还给笔者讲述了印度商务革新的背景。俄亥俄州立大学的石家安教授跟笔者直接交流了商业模仿的智慧性。他们的帮助加深了笔者对研究课题的认识。

另外，在研究所，笔者还可以从最近距离窥视到实际业务目前的商业进展。公文教育研究会的经营企划部和宣传部大力支持笔者的调查，还为笔者提供了在角田秋生社长面前讲课的机会。全面负责大和运输上海业务的野田实常务执行董事让笔者看到了商业模式转移的现场，让笔者切实感受到大和运输的

深度模仿

实力。

笔者同时进行的MOT（技术经营）研究，也和横滨国立大学的谷地弘安教授就技术服务化的海外推广，研讨了各种方案。日本租赁办公产业（开放办公）的先驱，商务银行（Business Bank）的滨口隆则社长，给笔者讲述了模仿重要性的亲身体验。另外，笔者一有机会，便和时尚商务顾问北村祯宏先生讨论SPA商务革新。

外部的研究会对笔者来说，也是为笔者提供帮助的重要场所。笔者大学时代的恩师加护野忠男先生，在六甲商务系统会议上，就彻底模仿和创造性的关联，赐予了笔者宝贵的意见。经济产业研究所（RIETI）也把商务模仿作为研究的一环，为笔者提供了宝贵意见。虽然在这里无法全部列举，但是笔者想对教给我通过模仿得到产业创造灵感的人们表示感谢。

如果本书能有一点儿学术上的价值，那就要感谢早稻田商学经营系列的优良传统。川边信雄先生以采访中没有的经营史实为基础，教给笔者7-11和丰田汽车相关的模仿。坂野友昭先生经常给笔者讲那些海外杂志上的趣闻，在本研究中也可以引用。经营系列的各位老师，让笔者意识到模仿在学术研究方面的重要性。

内田和成先生等老师与笔者的经历不同，担任过顾问的老师们无论是看待事物的角度，还是经验和行动力，都是好榜样。

致　谢

对夜间MBA学生的调查研究，让笔者感受到模仿是近来重要的经营课题。早稻田大学校友会的各位，在地域交流的研讨会上，总是为笔者提供各种帮助。早稻田大学商学学术院对外开放研究成果，实在是上天的恩赐啊。

笔者还想感谢轮流阅读先行研究，和笔者一起实地调查的诸位学生和井上达彦研究会的第8期学生。笔者要特别感谢永山晋、泉谷邦雄、浦田彩乃，在收集资料、审稿等方面，他们帮了大忙。

当然，如果没有发现模仿这一课题的意义的日经BP社，也不会诞生本书。日经BP社的长崎隆司先生，用取之不尽的想法，不断地帮助笔者。

笔者切身感受到，如果不是和这些优秀的人才相遇，我也不可能写出任何一部作品。

最后，我还要感谢我的妻子，她认真地阅读原稿，站在普通读者的角度，诚实地告诉我自己的感想。

井上达彦

注 释

引言

1. 文艺评论家小林秀雄的话。"模仿是创造之母。模仿是创造唯一的真正母亲。二者分离不过是现代的爱好。"(小林,2003,98页,《创元》1946年11月号初次出现。)

2. 小仓,1999,87页。

3. 参照川边,2003。

4. 山姆·沃尔顿:《我的沃尔玛商法》,讲谈社+α文库,2002,87页。

5. 参照石家安,2010。

6. 原文为"The original writer is not the one who refrains from imitating others, but the one who can be imitated by none."田边贞之助:《基督教精髓(2)》,创元社,1950,20页,解释为"独创的作家不是不模仿任何人的作家,而是任何人都无法模仿的作家。"

注 释

7. 鸟羽，2008，219页。

8. THE 21，2008年12月，43页。

9. PRESIDENT，2011年7月18日，44页。

10. 米歇尔·蒙田：《随想录·第6卷》，白水社，1983，265页。

第1章

1. Ghyczy，2004。

2. 丰田汽车的模仿依据大野（1978）的记叙。关于丰田从福特生产系统和超市怎样学习的详细史实，参照和田（2009）。

3. 大野，1978，51页。括号内的1953年是笔者修改。

4. 大野，1978，50页。

5. 关于7-11的事迹，参照了绪方（2003）、川边（2003）。

6. 通过调查发现，南方公司大约1300种商品，几乎都能随时补货。

7. 这是铃木敏文对绪方知行采访的解释(绪方,2003,82页)。解释中的脱胎换骨按字面的解释，就是"换掉骨头，让自己孕育胎儿"。从这里开始，这个词指的是"借用前人诗句等表现方法，尝试改变意思，创作独特作品的技法"（《日本国语大辞典》）。

8. 20世纪80年代，被日本汽车厂商进攻的美国，成立了以麻省理工学院（MIT）为中心的研究计划组，研究丰田的生产系统。精益生产方式是 MIT 研究者提出的概念，可以说是从丰田生产系统一个侧面抽象化研究出了本质。因为这个生产方式基本上排除了制造过程的浪费，降低了总成本，所以命名为精益生产方式。1990 年后，美国的其他制造业也开始模仿精益生产方式。

9. 与此点相关，东京大学的藤本隆宏教授也作了以下的记载："克莱斯勒公司是渡过了无数危机的企业，我认为克莱斯勒特别是在制造相关方面，是优秀的'从其他地方学习的组织'。克莱斯勒公司至少有很多谦虚优秀的经历。不过，即使是克莱斯勒，也很难再现丰田的组织能力。"（2004，48 页）

10. NPS 研究会是努力普及丰田生产系统的团体（木下，2012）。1978 年，NPS 研究会以牛尾电机公司的社长木下干弥为中心，开始自主召开丰田生产系统改善研究会。1982 年，大野耐一（丰田汽车工业原副社长）出任 NPS 研究会最高顾问，正式开始了研究会的活动。现在，除了生产之外，NPS 研究会全力研究减少营业、设计、开发、运输、货款回收等过程产生的浪费，改善整体系统。

NPS 研究会为了会员们能互相学习卓越的生产经营系统，在会员资格和活动等方面下足了工夫。（1）通过限定一个行业只能有一个公司入会，会员间不用互相隐瞒。（2）如果没有公司

注 释

领导的保证,便不能入会,促进以实践为前提的学习。(3)通过使用丰田生产系统的共通语言,可以组织不同行业共同进行多对多学习。

通过这些努力,会员们在加深自身经验的同时,还可以向其他公司替代性学习(也称为观察学习或间接的经验学习)。通过深入会员的企业结构,确保替代性学习的质量。同行业的话,则大多会互相牵制,或者被现有的思想束缚。NPS研究会正因为集中了各行业的会员,才不会被分散注意力,更容易看清系统的本质。

第2章

1.参照石家安,2010。

2.斯莱沃斯基(1999)等人,把扩大使用者基础,从附属品、消耗品取得收益的模式命名为"安装基础"。比如剃刀与替换的刀片、电梯和服务的签约、软件与更新、净水系统与替换化学过滤器等,都是这种商业模式。自动贩卖机贩卖的软饮料,定位也与这种商业模式相同(不过,食品零售店和自动贩卖机都贩卖软饮料,则是定位在多成分的利益上)。

3.设置基础的企业结构也确实有模仿的连锁效应。松下电器公司据说是从资生堂模仿了系列销售网。在时尚服装业,

深度模仿

ONLY模仿松下电器的系列销售网，创建了专卖店渠道。系列销售网的一个特征是，可以解释商品的正确使用方法。无论是化妆品，还是电器产品，或者是时尚服装，因为顾客不了解商品的使用方法，因此利用这种渠道，可以把商品的使用方法和搭配方法教给顾客。

4.参照查兰，2001。

5.参照安室，2003。

6.与这个话题相关,有个有趣的故事。香港的电子零件厂商，从了解顾客的需求到制造出试制品，比日本的企业快很多。那是因为，香港特有的商业模式。泰勒梅的套装，在日本需要一周时间，但是在香港却能当天制成。电子配件的试制品也是一样，日本一般需要1～2个月，但香港却只需要1～2周的时间。由此可见，香港地区自然地活用了各个行业的优势。

7.左特和马萨（Zott and Massa, 2011）的学术研究是整理商业模式概念。他们把商业模式的概念从IT开始，扩展到技术收益化和战略理论。

楠木（2010）指出，竞争战略理论中商业模式的贡献"超越了战略的个别要素，关联到各要素"，值得重视。

8.虽然有人批判商业模式是方法暧昧多样的概念，不过在重视提高收益结构一点上意见是一致的。不过，说到提高收益

注　释

的结构(学术上为创造价值、获利系统)时,对(1)对象的范围、(2)要素分解的程度有不同看法。因此,即使是多样性,也可以从两个基轴上定位与整理各自的研究。

范围狭窄的代表是琼·玛格丽塔的观点,只重视提高收益的方式。反之,范围广泛的代表是亨利·切斯布劳的观点,认为其中还应该包括商务模仿的生态系统和竞争战略。本书介绍的P-VAR则位于狭窄和广泛两者之间正中的位置。在P-VAR中,提高收益的结构包括定位、价值主张、投资活动、收益活动、经营资源。

还有和P-VAR范围相同,但更详细分解组成要素的构架。比如,奥斯特瓦德和皮尼厄(Osterwalder and Pigneur, 2010)的分析架构,便把组成要素细化,分解为9个要素:(1)顾客、(2)价值主张、(3)渠道、(4)顾客关系、(5)收益流向、(6)关键经营资源、(7)关键活动、(8)关键伙伴关系、(9)成本结构。

与P-VAR范围几乎完全相同,但马克·约翰逊把要素整理为4个:(1)顾客价值主张、(2)利润方程式、(3)主要经营资源、(4)主要业务方法。

9.国领,1999,26页。

10.美国学会认为商业模式只是单纯的提高收益结构,参照对象的作用,也未必进行了明确的讨论。不过,在价值创造、获得结构方面的研究,日本更为活跃,参照样本的观点是由吉田(2002)提出的。吉田的研究依据类推观点,认为通过把基础参照样本转移到对象市场,创造出了企业。

根来和早稻田大学IT研究所(2005),因为软件系统方法论(SSM)适用商业模式概念,提出了在商业模式中活用参照样本的方法论。

在实际业务领域,板桥(2010)开发了"皮克特图解"工具,从这个方法也可以看出,参照样本为商业模式(或者收益模式)的观点。

11. 山田(1995)和内田(2009)研究其他行业进入市场,产生竞争地位逆转变化相关事宜。山田(1995)把业界领袖受到外部威胁的战略分为两类,解释了引发逆转的构造原理。其一是维持业界逆转的"入侵者",其二是破坏业界取而代之的"业界破坏者"。

内田(2009)关注外部行业带来的竞争规则有时会对现有业界成员构成威胁,用"业界格斗技"比喻说明竞争的活力。进而从产业连锁的观点出发,考察格斗技取胜的战斗方式,提出了类型化理论。

注　释

第3章

1.巴尼详细的资源基础观点及分析手法（2003）。虽然巴尼教授提倡用VRIO分析经营资源，但其他研究者还提出了更详细的评价手法（比如，Black and Boal，1994）。

2.行业的定位观念及其分析手法，请参照波特（1999）。这部书籍是波特教授的论文集，其中还详细介绍了活动系统（Activity Systems）。青岛和加藤（2003）详细介绍了包括定位和最佳资源在内的经营战略理论。沼上（2009）在此基础上，进一步研究了"观念"和"前提"。

3.延冈（2011）把与设计性和品牌相关的价值定义为"意义的价值"，与"机能的价值"分开。延冈认为，日本企业虽然擅长制造产品，却不能说善于创造价值。还认为这也是最近20年，日本企业利润率降低的原因之一，并且希望日本企业不仅善于制造商品，还善于创造价值。著作《创造价值的经营理论》（日本经济新闻出版社，2011）中，通过日本企业擅长的"调整技术"和"积累技术"，提出了创造"意义的价值"的方法。

4.战略立案需要理想的模仿的观点，乍一看，也许和分层竞争战略（楠木，2010）的观点对立。不过，其实是分层竞争战略的补充。楠木虽然揭示了分层制定战略立案的重要性，但本书则强调模仿的重要性。笔者对没有模仿的分层是否成立表示质疑，认为只有两个条件都具备，才能产生稳定的战略。因为无论是多么卓越的经营者，都不是全知全能，所以通过卓越的分层，预测的范围也有极限。出现预测的极限，分层的优势是在这里做一个路径（比如制作横断组，并委托给他们），出现希望的结果，便极力设计过程。如果出现不想要的结果，则要重新分层，而那时的依据点，就是理想的模仿。没有模仿的分层不稳定，没有分层的模仿则是画饼充饥。

5.小仓昌男:《小仓昌男经营学》,1999,日经BP社出版。但是，为了忠实描述当事人的思想状态，摘选了若干处小仓书籍中的原文。

6.小仓，1999，参照73页（括号内为笔者添加）。

7.小仓，1999，88页。

8.第二次世界大战结束时，英国首相温斯顿·丘吉尔留下了以下名言："这并非终结。这只是终结的开始。不过，也许是开始的终结。"

三谷幸喜的电影《广播时间》也引用了这句名言。在不同世界的引用，使人联系到艺术界的模仿连锁效应。

9.小仓，1999，134页。

10.小仓，1999，151页。

注　释

第4章

1.在艺术界和学术界，从模仿连锁中诞生创造性是最基本的方法。文森特·威廉·梵高后期虽然属于印象派画家，但也被写实派画家让-弗朗索瓦·米勒的作品《播种者》吸引，引用他的构图添加色彩，形成了自己的独创性。而且，梵高从日本歌川广重等人的浮世绘（日本江户时代的风俗画），学到了通过用油画临摹，掌握绘画技术（构图、色彩感、线描画法）的故事也非常著名。

2.在事后说明当时是怎样模仿的，当事人的自传是最有力的信息源之一。分析时虽然参照了各种信息，但以舒尔茨和鸟羽的自传为基础，引述了相关事例。并且，为了忠实地描绘出当事人当时的想法，还引用了书中的原文。

3.霍华德·舒尔茨，1998，68页。

4.霍华德·舒尔茨，1998，156页。

5.霍华德·舒尔茨，1998，159页。

6.霍华德·舒尔茨，1998，165页。

7.霍华德·舒尔茨，1998，193页。

8.鸟羽，2008，83页。

9.鸟羽，2008，132页。

10.鸟羽，2008，218—219页。

11. 鸟羽，2008，220页。

12. 参照世阿弥:《风姿花传》，讲谈社，2011。

第5章

1. 此分类以经营学中的模仿研究为基础。概要参照浅羽（2002）及利伯曼和浅羽（Lieberman and Asaba, 2006）。与此分类相关的研究，参照亚伯拉罕森（Abrahamson, 1991、1996）。

2. 在不确定性高的时候，模仿一流企业或适合性高的企业。这种观点被称为模仿同型化（Dimaggo and Powell,1983）。之后，豪恩席尔德和迈纳（Haunschild and Miner, 1997）提出了一个测量模仿行动的方法，在不确定性高时，实际验证了参照多个模仿对象进行模仿的可行性。

3. 谢尔和李（Sherer and Lee, 2002）调查了美国法律事务所的人事制度的普及情况。调查结果表明，一流企业因资源不足，导入了革新的人事制度，后继者为了提高适应性，导入、促进普及革新的人事制度（获得美国权威学术杂志优秀论文奖论文）。

4. 社会学者加布里埃尔·塔尔德以超越常识的角度捕捉模仿的行为。从日常的语言使用看，也许模仿只是主观地去模仿。

注　释

不过,塔尔德的研究认为,模仿不仅仅是主观有意识的行为,还包括无意识的模仿。在商务世界里,明明没有主观地去模仿,但却在不知不觉中受到了影响,这种情况并不罕见。

另外,塔尔德认为,模仿不仅仅是照抄的模仿,还有否定接受的"反向模仿"。也就是说,"模仿有以下两种方法。自己和样本做完全一样的事,或者是自己做与样本完全相反的事。"(pp.15-16)。阿尔弗莱德·斯隆在福特时,充分理解只生产同型黑色轿车的有效性,同时做出否定,建议制造多种多样的轿车。可惜,福特却没有接受,斯隆只能创建了自己的公司通用汽车。这也许可以说,因为受到福特工作方法的强烈影响,因此进行了反向模仿。

另外,学习的理论中,把向反面教材模仿作为替代性学习的研究,不断深入。比如,金和迈纳(Kim and Miner, 2007)就从同行业其他公司的学习经验,及邻近行业公司的经验中学习,能否防止公司破产,进行了实证研究。结果得出从其他公司的失败经验及其他公司及时改正错误避免失败的经验中学习,可以防止公司破产的结论。

5.参照石家安,2010,65页。

6.弗赖伯格夫妇(1999)详细介绍了西南航空公司的产业创造方法。西南航空是革新的代表企业,但是它也有模仿的样本。

深度模仿

关于这点,虽然石家安(2010)也有涉及,不过早稻田大学亚洲服务商务研究所主页上介绍的事例(泉谷帮雄制作,井上达彦监制)更为详细。低价航空的模仿也和汽车生产系统、加盟系统相同,都是从模仿的连锁效应中进化而生。

7.参照InternetWorldStats.com(http://www.internetworldstats.com.htm)。

8.模仿时公司结构差异越大,越需要努力。比如低价航空公司,单纯模仿瑞安航空的亚洲航空,克服结构上的巨大差异,取得了成功。这个适应过程,虽然是以单纯模仿开始,但是却并非以单纯模仿终结。罗多伦的鸟羽,最初也是单纯模仿巴黎的"站着饮用咖啡"的咖啡店和德国蒂博咖啡在店里卖咖啡豆,可是最终的罗多伦咖啡店,却实现了进化。为了在日本实现低价格、让顾客站立享用咖啡,罗多伦必须推出自助服务、推进机械化,销售咖啡豆的比例也恰到好处。

9.毛泽东,"省、市、自治区党委员会书记会议的讲话",《毛泽东选集·第5卷》,外文出版社,1957。"对少数的坏人,除了罪大恶极的罪犯,不要逮捕他们,也不要关他们,也不要开除他们,而是让他们留在原单位(组织),剥夺他们的一切政治权利,孤立他们,让他们成为反面教材。"(551页)

10.参照格莱珉银行创始人穆罕默德·尤努斯的自传《穆罕

注　释

默德·尤努斯自传》，早川书房。

11.尤努斯、乔利，1998，147页。

12.尤努斯、乔利，1998，166页。

13.强生部分，参照桥本敏彦的"从事例学习技术为本的商业模式案例1——把隐形眼镜看作消耗品的强生"，NIKKEI BizTech，No.001。在隐形眼镜行业，也有模仿的连锁效应。强生如何以横向发展的思维进行模仿，美尼康又是如何对此进行模仿的，请参照早稻田大学亚洲服务商务研究所网站主页上介绍的案例，"隐形眼镜的服务革新"（井上达彦制作）。

14.强生安视优的含水率高于以往的软镜片，因此透气性也非常好。并且，因为比一般的隐形眼镜薄，还可以缓和眼部的干燥。

15.近年来，与体育管理相关的日语版好书不断增加。大联盟、小联盟、美式足球等产业结构，铃木友也（2010）的《比赛前就决定了胜负》书中有详细的记载。

16.比利·比恩的改革参照迈克尔·刘易斯的《点球成金》。不过，因为包括新选手评价基础在内的改革被其他球队模仿，比恩队伍的优势地位减弱。促成模仿的原因之一是2003年出版的书籍《点球成金》，但是，比恩的助手出任其他球队经理，才是促成模仿成功的重要原因。

深度模仿

　　黑克斯和索尔（Hakes and Sauer, 2006）实际验证了这一点。调查表明，从2004年开始，出垒率高的选手提高了年薪，减弱了奥克兰运动家队的优势。2004年，《点球成金》出版。此时比恩的助手已经去了其他球队。黑克斯和索尔（2006）因此推测，奥克兰运动家队的窍门已经流入其他球队。

　　模仿的连锁效应也扩展到了日本。乐天棒球队的岛田亨球队所有者和奥克兰运动家队合作，提出了以下的意见："我非常高兴能与奥克兰运动家队合作。奥克兰运动家队在美国职业棒球大联盟中，以独特的理论为基础，通过评价、培养选手，强化了队伍，取得了优异的成绩。它与乐天的理想最为接近，也是乐天的模仿样本。我坚信通过这次合作，双方在各个方面密切配合，可以取得更多的成果。"（摘自乐天官网 http://www.rakuteneagles.jp/news/detail/348.html。）

　　17. 此时，在联盟外，用科学的数据分析棒球的观点正好在一部分粉丝中盛行。虽然身在棒球界之外，但是为棒球得分奉献了一生的比尔·詹姆斯自费出版了《棒球抄》，使棒球数据统计分析法在棒球界外发展。读过比尔·詹姆斯全部作品的奥尔德森，打算改变以往的选手评价方法和比赛中的战术。

　　18. 迈克尔·刘易斯，2006，109页。

　　19. 对这些模仿原型回归，请参照早稻田大学亚洲服务商务

注　释

研究所主页上的讨论页（井上达彦制作），"通过商务模仿产生的海外服务变革——香港公文的原型回归事例"。

第6章

1. 从学习理论的基本观点导出了这两个轴。一个论点是从经验学习中学习还是从替代性学习中学习，另一个论点是从成功中学习还是从失败中学习。作为哪种学习更有效的实证研究，请参照鲍姆和达林（Baum and Dahlin, 2007）、金和迈纳（Kim and Miner, 2009）以及马德森和德赛（Madsen and Desai, 2010）。

2. 据说这句话原本出自沙特尔修道院的伯纳德长老。他在文中记载："我们简直就是坐在巨人肩上的矮子。"（上智大学中世纪思想研究所，《中世纪思想原典集（8）》，平凡社，2002, 730页。）

3. 摘自2010年度早稻田大学商学院讲座的演讲。

4. 参照鲍姆和达林（Baum and Dahlin, 2007）。

5. 参照马德森和德赛（Madsen and Desai, 2010）。

6. 前一章介绍了强生的"横向发展"，其实横向发展有两个类型的样本。

7. 虽然观察者要观察各种各样的样本，选择应该参考的主要样本，但主要样本并不仅仅是一个，多个样本的情况很多。模仿的权威班杜拉说："观察者会统一比较各种样本的各种行动，学习到新的反应。"并且，马德森和德赛（2010）的实证研究确认，过去的失败越大的组织，越会从其他组织的失败中学习；失败经验越少的组织，越难从其他组织的成功或失败中有效学习。这个调查结果表示，经验学习和替代性学习组合更有效果。

8.川上不白，"不白笔记"，《茶中茶外》"川上不白茶中茶外"刊行委员会主妇之友出版服务中心，1975，209页。"师傅全盘教诲，弟子突破教诲，两者重新合二为一。"原著中为"守是守卫，破是破坏，离是形成。师傅教导弟子的为守，弟子掌握守自然会破。擅长守者有缺陷，擅长破者也有缺陷，将二者分离再重新组合才是高人"。

9.辩证法的经营实践参照野中和绀野（2003）。并且，在这个研究中，也阐述了守破离和辩证法的类似性。

第7章

1.公文教育研究会的日本国内事业结构参照真木和井上（2010）及野中、远山和平田（2010）。并且，木下（2006）详细介绍了全球的全面展开情况。香港公文参照早稻田大学亚洲服务商务研究所的讨论页（"通过商务模仿产生的海外服务变

注 释

革——香港公文的原型回归事例")。

2.不是会员数,而是全部科目学习者总数。

3.2011年9月的数据。

4.因为日本的指导者几乎全部是有养育孩子经验的女性,所以交流活跃。会议简直像是聊天一般,大家直接说出自己的感觉、和孩子们接触后留下印象的事等。这样,促进了知识的共享,关系到未来新的实践。

5.日本公文教育研究会,存在多层的多种类型网络(狭窄和广泛的网络,以及正式网络和友情链接等)并有机结合。永山(2011)从友情链接,明确了这些网络的存在,通过履行各自的职责,促成了知识的创造与传播。

6.东北大学的川岛隆太教授的调查报告表明,通过使用KUMON的教材,不但可以延缓老年痴呆症的恶化,还能使部分患者的病情略有好转。少管所的教材使用也是一样,少年以前不会做的数学题现在会做了,并且因此产生了自己有能力的感觉。

7.摘自公文公纪念馆,木田雅章的访谈。

8.村田(2006)详细介绍了创始人公文公的生平及其教育系统。

9.村田,2006,74页。

第8章

1. 过去的成功会产生战略固执（Strategic Persistence），那会给生产力带来负面影响（Audia et al., 2002）。

2. 山田（1995、2007）是研究逆转竞争战略的先驱。逆向，然后再逆向产生动力的基本理论中，克里斯坦森（2001）创新者的窘境的提法非常著名。为什么硬盘驱动等行业，几乎可以说某一时代的革新在下一个时代肯定失败，克里斯坦森对此抱有疑问。克里斯坦森进行各种调查，结果表明，这些行业重视那些利润率高的部分顾客，倾听这些顾客的心声，满足他们的需要。作为行业主导者，革新对那些现有顾客不接受的破坏性技术不感兴趣，持续着面向现有顾客的持续性革新，向顾客提供过剩品质的产品，结果利润率不断降低。

栗木（2012）认为，某事业的成功是因为使市场竞争环境的基本前提发生变化，通过这个变化产生了新的市场机会。这种市场内自发性的活力，也是把竞争对手的优点转变为弱点的机会，反之，也会产生把自己公司弱点转化为优点的机会。这篇论文从社会学中"有意识的结果"观点，阐明了其中的构造。

井上（2010）认为逆向并非仅仅是向一个方向逆转，前后、左右、上下等都是逆转的方向，使用P-VAR分析逆转的模仿。前后表示从产品开发到售后服务的垂直连锁中的逆转思维（典

注　释

型的统一分离），左右表示竞争对手或补充的生产者中的逆转思维（竞争或协调），上下表示通过创造新市场或低价格破坏中的逆转思维。

3.在游戏行业，行业的主导顺序为雅达利、任天堂、索尼，然后再是任天堂，这样的逆转不断出现，逆向的模仿也不断循环。关于这个事例，参照早稻田大学亚洲服务商务研究所的例子（真木圭亮著、井上达彦监制，"日本电子游戏产业中商务模仿的变迁——面向网络化与服务化"）。

4.复印机的事例是商务模仿革新的典型事例之一。海外的研究者也对施乐和日本复印机厂商的革新非常关注，从各自的角度对其进行了解释（Chesbrough, 2003; Markides and Geroski, 2004）。

井上（2010）使用P-VAR，通过辩证法（守破离）整理了复印机的逆转模仿事例。本书介绍的施乐和佳能分别投出对立的命题，通过发展地消除产生的矛盾，创建了新业务的结构。

5.这里说的"以往的赚钱方法"，是学术上的优势论。这个概念是普拉哈拉德和贝蒂斯（Prahalad and Bettis, 1986）提出的，定义为"高层管理者把产业概念化的方法或决定重要资源分配时的方针"。可以说是高层管理者深信的胜利方法。

切斯布劳（Chesbrough, 2003）认为，优势论是"在企业内部，企业如何竞争提高利益的主导观点"。概念与本书中的"产业"接近，加护野（1988）认为它是产业结构的组成要素之一。

6.佳能的事例参照野中和竹内（1996）、榊原（2005）。野中和竹内（1996）关注知识创造中的隐喻/推论，在迷你复印暗盒制造的革新中，介绍的罐装啤酒的推论非常重要。因为迷你复印机的暗盒和啤酒罐一样，都可以用铝制造，所以是从制造的工序中得到了灵感。

第9章

1.与本书相同，石家安（2010）也追寻着模范产生的革新，从哪里（Where）、向谁（Who）、对什么（What）、在何时（When）、怎样（How）模仿，用4W1H整理了模仿的行为。不过，石家安（2010）没有明确区分为了竞争的模仿和为了革新的模仿。并且，认为结构层面的模仿比产品、服务层面的模仿更复杂，对两者进行了整体讨论。

本书认为把模仿区分为为了革新的模仿和为了竞争的模仿，可以更简单明了地说明企业的模仿行为。原本因为目的（Why）不同，应该从哪里（Where）、向谁（Who）、对什么（What）、在何时（When）、怎样（How）模仿也不相同。

并且，模仿的目的、动机等基本观点，参考了浅羽（2002）、

注 释

利伯曼和浅羽（Lieberman and Asaba，2006）（浅羽关注最小风险、共谋、信息收集、取得正当性等目的，对模仿行动进行了说明）。

2.塞马代尼和安德森（Semadeni and Anderson，2010）实际验证了竞争组织革新越高，越有信息优势，越容易成为模仿对象。并且，提供产品、服务的关联性越高，竞争越有信息优势，越容易成为模仿对象。

3.这里的Fast Second是石家安（2010）的见解的延续，"后来者"如字面意思，是第二个进入市场的人。Fast Second还有其他的观点。比如，（Markides and Geroski，2011）的Fast Second，一般都认为是先驱者，但实际上指的是市场地位第二（Fast Second）的企业。比如，网络电子书籍的先驱者不是亚马逊，而是查尔斯·斯塔克，亚马逊才是第二个进入市场的。美国著名的嘉信理财其实也不是先驱者，而是第二个进入市场的。需要注意的是，很多其他的研究都把这些企业视为先驱者，其他追随者为Fast Second（也就是追随先驱，但无法超越先驱的模仿者）。

4.厄本、卡特、加斯金和穆哈（Urban, Carter, Gaskin and Mucha，1986）从24类主要产品中选择82个主要品牌，对先驱者可以获得多少利益、进入市场是否越快越好进行了调查。结果表明，先驱者会获得利润，进入市场越快，获得的市场份额越大。不过，如果能第二个进入市场，即使后面继续有第三个、第四个、第五个、第六个进入市场，第二个进入市场的Fast Second取得的利润，也大约为最先进入市场的先驱者的71%。

5.网络的经济性，或者说是潮流的效果。这点参照了夏皮罗和瓦里安（Shapiro and Varian, 1999）。

6.浅羽（2002）详细说明了同质化。

7.实证研究表明引入人气的管理技术，也未必能提高企业的机能。这个调查中有趣的是，指出通过导入人气的技术，提高了CEO做事的正确性，提高了CEO的薪水（Staw and Epstein, 2000）。研究指出，这种模仿不是为了追求经济利益，而是为了得到社会的认可。

8.为什么在学术上未必合理的制度和方法在实际业务中可以普及呢？管理时尚的研究为这个问题提出了部分答案。管理时尚研究的权威亚伯拉罕森（Abrahamson, 1991、1996）表明，在环境不确定性高的时候，模仿业界领导者的行动、采纳行业外顾问公司提案的倾向性强。管理时尚的研究认为，流行是通过追求正当性的行为而生。认为在学术上未必合理的制度和方法，也能在社会上普及，是因为"组织遵循流行趋势"。

9.渠道和生产理念变化的革新，新的结合要素比产品层面的自我实现的革新更多，范围更广。因此，最终价值主张的新

注 释

意更高，可以确立其他公司无法追及的持续性竞争优势地位。

10.包括历史观在内的"观"在事业创造中，履行了极为重要的职责。加护野（1988）把包括历史观在内的世界观和基本的思想，概念化为"业务范例"，表示创造与变革的方法模式。三品（2006）认为，战略立案和实施中，经营者的"业务观"不可或缺，"业务观"的基础是"世界观""历史观""人生观"。

11. SPA是取Specialty store retailer of Private label Apparel第一个字母的缩写，指的是专卖店对本公司产品的企划、销售的业态。特点是通过垂直统一度高的企业结构，对材料的供应、企划、开发、制造、物流、销售、库存管理、店铺企划等供应链整体管理，使浪费最小化。1986年，美国服装零售巨头GAP的创始人唐纳德·费希尔提出了SPA之后，被很多时尚服饰企业模仿。其传播范围不仅仅在时尚服饰行业，还扩展到家具制造和销售，以及眼镜制造和销售行业，由此可以看到模仿的连锁效应。

12.原本本书想表达的不是单纯的"向样本学习""理论形式上的逆转"或者"组合各种想法就好"。却是，也许通过这样的方法可以产生有趣的想法。可是，这样产生的模仿，在实际业务方面未必有效果。

石井（2009）阐述了深层进入模仿对象，得到商务洞察力的重要性。并且，即使是经营教育的现场，当事人如果能深刻地牢记事例研究，便可能进行疑似体验性的学习，可能对事例研究的可能性进行进一步讨论。

从疑似体验中学习，莫里斯和摩尔（Morris and Moore，2002）用飞行员训练用的飞行模拟装置，对其有效性进行了实证研究。疑似体验有些以自身为焦点，有些则以他人为焦点，并且，预测出肯定的结果还是预测出否定的结果有所不同。通过对两个轴上的4种类型的疑似体验进行比较，得出的结论是，从自身关注的东西，预测出肯定结果的疑似体验中学习，最有效果。

否定的预测只会间接得到"不能做什么"的教训，而肯定的预测则会直接得到"下面做什么好"的经验，这点引起了他们的重视。并且，如果疑似体验的焦点人物是自己的话，关心程度更高。从别人的疑似体验中学习时，当事人有意识地学习非常重要。

也许，这就是在重视事例研究（疑似体验）的商学院，当事人重视实务经验的原因之一。

13.米仓编（2005）为深入考察新创企业的业务创造方法提供了绝好的题材。大书特书了服务企业模仿的重要性，新创立企业特别是在初期，会产生原型的业务结构，关系到之后的原

注　释

型回归。并且，与本书介绍的事例相同，还列举了海外的商务事例及其背后的模仿。

14.优衣库的柳井正的话（菅野，2005，137—138页）。虽然这句话表达了执行力的重要性，但也可以让读者认识到模仿行动无论在何时都非常重要。

出版后记

20世纪80年代，日本企业以破坏性的革新，后来居上，大有独占鳌头之势。90年代之后，日本企业的革新步伐减慢，经济也陷入困境，发展速度被中国、印度等亚洲新兴国家超越。作为日本本土著名的商业模式专家，本书作者痛定思痛，认识到"在商务世界里颠覆常识、创立新事业的著名经营者，都非常善于模仿和参照"。因此在本书中给日本企业开出药方：通过模仿来革新。

中国30年来经济发展的成就，很大一部分也要归功于对发达国家先进技术、先进管理经验的模仿和借鉴，尤其是到了互联网时代，国内大多数"独角兽"公司在国外都有对标的公司，通过模仿，它们甚至超越了模仿的对象。仅靠"山寨"是不会青出于蓝的，本书所提倡的"模仿"，是一种创造性的行为，对致力于改变"山寨"形象的国内企业，无疑极具借鉴的意义。

如何通过模仿来进行创新呢？本书给出的答案是结构模仿。所谓结构模仿，关键在于商业模式。书中提出的独特金字塔形商业模式分析架构，包含企业的定位、为顾客提供的价值主张、

出版后记

支持向顾客提供价值的活动系统以及支持企业活动的经营资源。运用这个架构，可以分析模仿对象的结构，描绘出企业最佳的结构，分析企业现状与理想状态的差异，探究为什么会出现差异，最终通过五个阶段来实现革新。

从模仿到创造，类似于国学大师王国维在《人间词话》中所说古今成大事业、大学问者必经的三种境界，也类似于日本古代剑术家宫本武藏在《五轮书》中所说的守、破、离。其方法是，从彻底地模仿样本开始，然后在模仿的基础上突破从样本中学得的教诲，最后确立自己的方式。

书中介绍了丰田、日本7-11、大和运输、星巴克、罗多伦等公司的案例，他们都是通过各种手段向其他公司学习，最终从优秀渐至卓越，如果阅读本书的读者也能如此，则是本书之幸。

除此之外，我司出版的《故事思维》《共享经济没有告诉你的事》《畅销的原理》等书，亦能为你提供经营管理的思路，敬请关注。

服务热线：133-6631-2326　188-1142-1266
读者信箱：reader@hinabook.com

后浪出版咨询（北京）有限责任公司
2017年6月

图书在版编目（CIP）数据

深度模仿 /（日）井上达彦著；兴远译. -- 南昌：江西人民出版社，2017.9（2017.10重印）

ISBN 978-7-210-09499-9

Ⅰ. ①深… Ⅱ. ①井… ②兴… Ⅲ. ①企业创新—研究 Ⅳ. ①F273.1

中国版本图书馆CIP数据核字(2017)第136697号

MOHO NO KEIEIGAKU written by Tatsuhiko Inoue.
Copyright © 2012 by Tatsuhiko Inoue. All rights reserved.
Originally published in Japan by Nikkei Business Publications, Inc.
Simplified Chinese translation rights arranged with Nikkei Business Publications, Inc. through Beijing Hanhe Culture Communication Co., Ltd.
Simplified Chinese translation edition published by Post Wave Publishing Consulting (Beijing) Ltd.

版权登记号：14-2017-0352

深度模仿

著者：[日]井上达彦
译者：兴远
责任编辑：冯雪松　胡小丽
出版发行：江西人民出版社　印刷：北京京都六环印刷厂
889毫米×1194毫米　1/32　6.75印张　字数115千字
2017年9月第1版　2017年10月第2次印刷
ISBN 978-7-210-09499-9
定价：38.00元
赣版权登字 -01-2017-480

后浪出版咨询(北京)有限责任公司　常年法律顾问：北京大成律师事务所
周天晖　copyright@hinabook.com

未经许可，不得以任何方式复制或抄袭本书部分或全部内容
版权所有，侵权必究

如有质量问题，请寄回印厂调换。联系电话：010-64010019